Frauen vollbrachten in unterschiedlichen Kulturen, Zeiten und Lebenssituationen bemerkenswert mutige Taten. Einige davon sind vergessen oder unbekannt geblieben, doch es lohnt sich, sie kennenzulernen: zum Beispiel Frieda Kahle, die während der NS-Zeit sechs Jahre lang eine jüdische Familie in ihrer kleinen Wohnung versteckte, Gronia, eine irische Piratenkönigin des 16. Jahrhunderts, die indische Freiheitskämpferin Maharani von Dschansi und viele weitere. Andere sind uns bekannt und auch ihre Lebensgeschichten sind eindrucksvoll: Nofretete, Königin Marie von Neapel, Gertrude Bell, die Frauen in der Rosenstraße.

Dieses Buch ist eine Hommage, die Erinnerung daran, wie Frauen todesmutig und lebensklug für ihr Glück gekämpft oder in den Gang der Geschichte eingegriffen haben. Und es ist auch eine persönliche Danksagung: Als der Autor 1945 wegen Verweigerung eines unsinnigen Befehls von einer SS-Streife erschossen werden sollte, haben ihm mutige Frauen das Leben gerettet. Er dankt ihnen mit diesem Buch.

Heinz Fischer, geboren 1930 in Aschaffenburg, studierte als »Fulbright«-Stipendiat Literatur- und Medienwissenschaft in den USA und promovierte an der Universität München über Georg Büchner. Er lehrte an mehreren Universitäten als Professor für Germanistik, u. a. an der Universität von Kalifornien und an der Universität Kairo. Als Literaturwissenschaftler ist er mit Studien über Georg Büchner hervorgetreten. Er hat Dramen, Prosa und Hörspiele veröffentlicht und Lyrik Pablo Nerudas ins Englische und Deutsche übertragen. Nebenbei schrieb er für das Feuilleton der ›Süddeutschen Zeitung‹ sowie für ›Die Zeit‹.

Heinz Fischer

Mut der Frauen

Lebensbilder aus der Weltgeschichte

Mit 13 Abbildungen

Deutscher Taschenbuch Verlag

Den Frauen von Hösbach

Originalausgabe
Dezember 2006
© Deutscher Taschenbuch Verlag GmbH & Co. KG,
München
www.dtv.de
Das Werk ist urheberrechtlich geschützt.
Sämtliche, auch auszugsweise Verwertungen bleiben vorbehalten.
Umschlagkonzept: Balk & Brumshagen
Umschlaggestaltung: Stephanie Weischer unter Verwendung von:
Théroigne de Méricourt (akg-images), Marie von Neapel (akg-images),
Nofretete (akg-images), Gertrude Bell (Bridgemann Giraudon),
Edith Cavell (privat)
Satz: Greiner & Reichel, Köln
Gesetzt aus der Legacy Serif 10/12,5˙
Druck und Bindung: Druckerei C. H. Beck, Nördlingen
Gedruckt auf säurefreiem, chlorfrei gebleichtem Papier
Printed in Germany
ISBN-13 978-3-423-34375-6
ISBN-10 3-423-34375-3

Inhalt

Das Lächeln von Amarna

ine Annäherung: In dem Dorf Amarna am Nil hebt eine Bäuerin in schwarzen Kleidern Dünger aus einer Grube. Dabei stößt sie auf Tafeln mit merkwürdigen Schriftzeichen. Die Familie der Bäuerin gräbt heimlich über dreihundert Tontafeln aus. Ein Händler bringt eine dieser Tafeln in seinem Hemd versteckt nach Kairo. Die Tontafel rutscht ihm im Bahnhof aus dem Hemd und zerbricht. Wissenschaftler setzen die Stücke zusammen und identifizieren sie als Teil des Staatsarchivs eines unbekannten ägyptischen Königs und so wird ein Pharao wiederentdeckt, den die überlieferten Königslisten totgeschwiegen haben: Echnaton, einer der großen Weltveränderer. Zuerst wurde Echnaton wiederentdeckt, dann kamen in der Ruinenstadt »Amarna« verzaubernde Kunstwerke ans Licht, endlich Büsten einer Königin, der »schönsten Frau der Weltgeschichte«, mit einem rätselhaften, wissenden Lächeln – und allmählich wurde immer deutlicher, wie sehr der hochbegabte Pharao selbst unter dem Einfluss seiner Frau stand, der ebenso anmutigen wie mutigen und tatkräftigen Nofretete.

Versetzen wir uns in die alte Hauptstadt Ägyptens, das »hunderttorige Theben« (heute Karnak-Luxor in Oberägypten). Um 1375 v. Chr. wird der Pharao Amenophis IV. geboren, der sich später Echnaton nennen wird: Spross der glanzvollsten ägyptischen Königsfamilie, der ruhmreichen 18. Dynastie. Ägypten steht auf dem Höhepunkt seiner Macht. Auch Syrien ist unterworfen. Doch nördlich von Syrien liegen Reiche, die den Ägyptern zu schaffen machen. Pharaonen der 18. Dynastie versuchen, durch Heiraten mit Prinzessinnen aus solchen Grenzvölkern Ruhe und Frieden zu bewahren. Eine »politische Braut« aus einem der nördlichen Grenzreiche, Mitanni, dürfte auch die blutjunge Nofretete gewesen sein, die Echnatons alternder Vater heiratet (jener machtvolle Pharao, der für die Memnonskolosse Modell saß). Nach seinem Tod »übernimmt« Amenophis IV. auch die bildschöne Nofretete als seine Frau. Die Witwe ist kaum siebzehn Jahre alt, der neue Pharao sogar noch jünger.

Nofretete erhält den Titel »Große königliche Gemahlin«. Der Pharao will – beide wollen – einen Traum verwirklichen, wie ihn wohl alle jungen Menschen träumen: Ein Leben in Wahrheit ohne Heuchelei, in Liebe und gegenseitigem Vertrauen, ohne Ränke und Hinterhalt. Doch dem steht die politische Wirklichkeit entgegen. Die Macht liegt weithin in den Händen der Tempelpriester.

Alt-Ägypten kennt viele Götter. Jeder Gau, jeder Ort hat einen eigenen Gott – ursprünglich tierförmig wie Bastet, die Katzengöttin, oder der Falkengott Horus. Sogar das Krokodil wird als Gottheit verehrt. (Mumifizierte Krokodile sind noch heute in einem der gewaltigsten Tempel Ägyptens, dem Sobek-Tempel von Kom Ombo, zu sehen.) Außer Tiergottheiten verehren die Ägypter auch Götter, die halb Mensch und halb

Tier sind, wie Thoth, Gott der Schreiber, ein Mann mit Ibis-kopf. Tempelpriester verbreiten im Namen ihrer Götter Furcht und Schrecken. Die Tempelpriesterkaste ist korrupt, reich – und einflussreich. Die Propheten der Götter, wie sich die Ober-priester nennen, beherrschen auch weithin das Wirtschafts-leben. Ihre Schreiber sind als Bürokraten peinlich genau, vor allem bei der Steuereintreibung. Die ausgefuchsten Tempel-bürokraten mischen in der Landespolitik nach Kräften mit und stellen ihr Eigenwohl vor das Wohl des Landes. Dazu kom-men endlose Intrigen zwischen den Priestern der verschiede-nen Tempelgottheiten, all den ungezählten Göttern, die von Landstrich zu Landstrich wechseln und oft auch an einem Ort miteinander rivalisieren. Reichsgott, sozusagen im Rang eines ägyptischen Generalfeldmarschalls, ist Amun. Wahrschein-lich geht unser bekräftigendes Kirchenwort »Amen« auf ver-schlungenen Wegen auf den Namen dieses Gottes zurück. Als Amun-Priester mit vorgetäuschten Wundern sogar die Thron-folge bestimmen wollen, ist die Zeit für eine Reformation des Götterkults reif.

Auch Echnatons und Nofretetes träumerische Pläne reifen und verdichten sich. Der Pharao und seine Frau wollen die Kaste der Tempelpriester entmachten, gleichzeitig wollen sie innerhalb des ägyptischen Weltreichs die verschiedenen Völ-kerschaften mit ihren vielfältigen Gottheiten unter einem Gott und einem Pharao zusammenführen, und sie wollen vor allem ihre große Idee eines neuen Zeitalters – gewaltfreies Zusam-menleben in »Wahrheit und Gerechtigkeit« – verwirklichen. Echnaton und Nofretete entschließen sich zu einer »Revolu-tion von oben«. Das Königspaar erhebt einen Gott über die Vielzahl herrschender Tempelgötter: Aton, die Sonne oder Sonnenscheibe, genauer, die lebenspendende Kraft der Sonne, verehrt in Form der Sonnenscheibe mit Strahlenhänden. Ohne Zweifel, der Schritt von der Vielgötterei zur Verehrung eines

Gottes für alle entspricht durchaus den machtpolitischen Vorstellungen der 18. Dynastie, die aus vielen kleinen Herrschaftsbereichen mit eigenen Göttern ein Großreich unter einem Pharao gestalten und erhalten will. Nur – das politische Ziel der Einigung durch einen »Staatsgott« unter einem Pharao, der als Sohn dieses Gottes begriffen wird – dieses politische Ziel wird überstiegen und überflügelt durch das, was den Kern dieser Umgestaltung ausmacht: die Abkehr von einer Politik von Furcht und Schrecken und die Hinwendung zu einem von liebevollem Vertrauen getragenen Zusammenleben aller. Aton ist nicht nur der siegverleihende Gott des auserwählten Herrschervolks der Ägypter, er ist der lebenspendende, lebenerhaltende Gott aller Klassen und Rassen.

Zuerst lässt das junge Königspaar einen prächtigen Tempel für Aton in Karnak errichten. Die Besucher sind überwältigt – und haben wohl ihren Augen nicht getraut: In hochragenden Monumentalstatuen tritt der Pharao dem Betrachter in aller Macht und Würde als Gottkönig entgegen, der männliche und weibliche Züge in sich vereint – als Mann und Frau in einem. Es ist ein radikaler Bruch mit jeglicher ikonographischen Tradition. Die nächstliegende Erklärung, der Pharao habe an einer ungewöhnlichen Krankheit gelitten, findet bei weiterer Betrachtung – die auch andere Darstellungen des Königs einbezieht – keine überzeugende anatomische Basis.

Noch trägt der Pharao den »Amun«-Namen Amenophis, doch die neue Tempelanlage ist bereits Aton gewidmet. Die doppelgeschlechtliche Darstellung des Gottkönigs im Aton-Tempel von Karnak könnte eine Brücke schlagen von dem ägyptischen Reichsgott Amun hin zu dem allumfassenden Sonnengott Aton. Die Auflösung der vielumrätselten Zweigeschlechtlichkeit des Gottkönigs läge dann in der Amun-Lehre selbst. Amun wird zwar von seinen Propheten in der Priesterkaste lediglich als »Mann« verehrt – doch als Thoth, der Urgott, Amun erschuf, ließ er ihn nicht nur als Mann entstehen, sondern als Mann *und* Frau, »Amun und Amunet«: Vielleicht liegt diese – von der Priesterschaft zugunsten des Reichsgotts Amun vernachlässigte – duale Vorstellung des Götterpaars Amun und Amunet jenen expressiven Monumentalplastiken zugrunde, die noch heute in Bann schlagen: Bildwerke, vor denen sich ein Betrachter fragt, was mehr zu bewundern ist: Der Mut des Königspaars, mit der herkömmlichen Darstellung des Gottkönigs abrupt zu brechen, oder die Gestaltungskraft des Bildhauers, dem es gelingt, den Pharao sowohl individuell wie auch übergeschlechtlich ehrfurchtgebietend zu gestalten.

Die übergeschlechtliche Ausformung der Standbilder des Gottkönigs ist ein erster Schritt auf einem Weg, den das Königspaar gemeinsam weitergeht. Weil in der gesamten Atontempelanlage von Karnak die Zeugnisse, die auf Nofretete verweisen, ungewöhnlich zahlreich sind – und bezogen auf Echnaton sogar etwa im Verhältnis 2:1 sehr deutlich überwiegen –, ist von Anfang an eine bestimmende Mitgestaltung des Atonkults durch Nofretete anzunehmen. In den Kolossalstatuen von Karnak zeigt sich ein Gottkönig, der Männliches und Weibliches umgreift – doch die allumfassende göttliche Kraft, die Leben schafft und alles Geschaffene überstrahlt, findet das Königspaar am stärksten versinnbildlicht in Aton, vorgestellt als Sonnenscheibe, umringelt von der königlichen Uräusschlange: Strahlenhände gehen von Aton aus, die in einem glückspendenden Lebenszeichen enden. Im fünften Regierungsjahr legt der Pharao seinen Namen Amenophis ab – den Namen, der sich auf den Reichsgott Amun bezieht – und nimmt den Namen Echnaton an (was »Aton gefällig« bedeutet und, wie Sigmund Freud bemerkt, mit unserem »Gotthold« oder »Gottfried« verglichen werden kann). Nofretete behält ihren Namen bei. Er spielt auf keinen Gott an und bedeutet »die Schöne, die erschienen ist« oder »die Schöne aus der Ferne« (ein ägyptischer Name, der möglicherweise auf ihre Herkunft aus einem fremden Land hindeutet). Doch ihr Königsname wird um einen Aton-Zusatz ergänzt: Nefernefruaton-Nofretete.

Ein Gott für die ägyptischen Herren wie für die unterjochten Nubier und sonstigen tributpflichtigen Völkerschaften: Was für ein entsetzlicher Gedanke für die stolzen Ägypter und mehr noch für ihre Priester! Die unzähligen Tempelpriester fürchten durch den Statusverlust ihrer Götter – zu Recht – auch den Verlust ihres Einflusses und ihrer Einkünfte.

Die Spannungen zwischen dem Königshaus und der Hohen Priesterschaft wachsen. Mag sich auch die wütende Priesterkaste gegen das Königspaar verschwören – Echnaton und Nofretete bleiben unbeirrt und lassen sich ihren Traum nicht ausreden. So stark ist der Impuls ihrer großen Idee, dass sie eine neue Hauptstadt Ägyptens auf dem Reißbrett entwerfen: die Hauptstadt Atons, die Stadt der Sonne. Der Pharao wählt einen kreisförmigen Talkessel zwischen dem Nil und den Felswänden der Ostwüste, auf halbem Weg zwischen den ägyptischen Haupt- und Weltstädten Theben und Memphis. Die Wahl dieses Orts kommt auch dem Volksglauben entgegen: In unmittelbarer Nähe liegt der »Urhügel« von Hermopolis, von dem aus die Sonne nach einer ägyptischen Welterschaffungslehre ihren Siegeszug angetreten hat. Die Schöpfungslehre vom Sonnenei auf dem Urhügel besagt: Nachdem der Ur- und Schreibergott Thoth allein durch die Kraft seines Wortes vier Götterpaare in jeweils männlicher und weiblicher Ausprägung erschaffen hatte – unter ihnen Amun und Amunet – zog sich diese »Achtheit« auf den Urhügel zurück, um das Ei zu formen, aus dem die Sonne geboren wurde, die seither die Welt mit Leben füllt. Nahe dem Urhügel entsteht die neue Hauptstadt »Achetaton«. Nach rund drei Jahren ist die Stadt am »Horizont des Aton« auf dem Reißbrett Wirklichkeit in der

Wüste. Echnaton und Nofretete brechen mit dem Hofstaat auf in ihre Stadt der Sonne.

An der Stadtgrenze von Achetaton liest Nofretete eine Botschaft, die der Pharao für sie in eine Säule meißeln ließ: »Du Schöne, heiter mit Deiner doppelten Federkrone, Geliebte des Glücks, voller Liebreiz, wer Deine Stimme hört, ist beglückt, Herrin der Anmut, groß in der Liebe« (hier fehlt nur das Lob ihrer schönen sistrumspielenden Hände, die an anderer Stelle gerühmt werden). An der Königsstraße liegt der Pharaonenpalast. Echnaton, Nofretete und ihre Kinder gehen von ihrem Palast auf einer Brücke, die sich über die Königsstraße schwingt, hinüber zum Regierungssitz und Aton-Tempel. Auf der Brücke zeigen sich Echnaton und Nofretete am »Fenster der Erscheinung« dem Volk als gabenspendendes Königspaar. Die Königsfamilie wird auch mit wachsender Kinderzahl (insgesamt sechs, alles Mädchen) in ihrem Alltag dargestellt, nicht nur am Fenster der Erscheinung. Es ist »unerhört« in der Darstellung eines ägyptischen Königspaars: Zärtlich wird der stolze Echnaton von Nofretete umhalst. Nofretete legt dem Pharao einen Kragen mit geflochtenen Blumen um. Auf Bildern wie »Kinderfest« lässt sich Echnaton im Kreis der tobenden Kinder als mitfeiernder Familienvater darstellen. Eine kleine Rundplastik zeigt den König, wie er ein Kind auf seinem Schoß küsst. In Privathäusern werden Flügelaltäre aufgestellt, die Nofretete, Echnaton und ihre Kinder als »Heilige Familie« vorstellen, die den Segen der Sonne empfängt – und lächelnd weitergibt. Die Sonnenstrahlen enden in kleinen Händen, die das Lebenssymbol »Anch« den Mitgliedern der Königsfamilie zum Einatmen des Lebenshauchs an die Nase halten. Dieser »Lebensschlüssel Anch« ist bis heute das Glückszeichen der Ägypter geblieben und noch immer am Nil allgegenwärtig.

Ein Prachtbau der Traumstadt ist der Aton-Tempel. 275 Meter breit, 800 Meter lang. Ein Tempel ohne Dach – der ganze

Bau öffnet sich den Strahlen der Sonne. Der anschließende »Nördliche Palast« wäre wohl als Weltwunder in die Geschichte eingegangen, wenn er länger bestanden hätte (er war nur gut zehn Jahre bewohnt): ein lichtdurchflutetes Gesamtkunstwerk mit Teichen, Gehegen und Blumengürteln, Tier- und Pflanzenbildern an Decken, Wänden und Böden.

Die Kunst in der Hauptstadt Atons spiegelt lächelnd eine heitere Welt. Nichts macht die Kluft zwischen Echnaton und anderen Pharaonen klarer als ein Vergleich der Selbstdarstellung Echnatons mit der Kraftmeierei von Pharaonen vor und nach ihm. Echnatons Vater hat sich in Steinblöcke von der Höhe sechsstöckiger Häuser meißeln lassen – jene so genannten Memnonskolosse, eines der Weltwunder der Antike, eine der Hauptattraktionen für Ägyptentouristen schon im Altertum: Der Pharao ist jeweils aus einem einzigen Felsklotz herausgemeißelt. Wie diese Kolosse – jeder 720 Tonnen schwer – von einem 200 Kilometer entfernten Steinbruch in einem Stück nach Theben bewegt wurden, gilt noch heute als »Wunder«: Kolosse, vor denen sich, wie es Herodot von den Pyramiden sagt, »sogar die Zeit fürchtet«. Doch auch in Wort und Schrift steht die Selbstdarstellung früherer Pharaonen der 18. Dynastie keineswegs hinter ihrer gigantischen bildlichen Darstellung zurück: Ein Pharao lässt die Nachwelt von sich wissen: »Er zertrat die Nomaden unter seinen Sohlen ... Die Menschen liegen in Schrecken vor ihm ... Seine Grenzen reichen bis an den Rand des Himmels ... Es kommen zu ihm die Südlichen in Verbeugung und die Nördlichen auf ihrem Bauch. Er hat alles in seiner Faust. Seine Keule hat ihre Köpfe zerschlagen ... Er hat die Welt erobert, als er noch im Ei war.«

Die kaum mehr zu überbietende Selbstbeweihräucherung – »Er hat die Welt erobert, als er noch im Ei war« – ist eine Herausforderung für den Pharao Ramses II. der nachfolgenden Dynastie: Ramses lässt sich nicht allein als Triumphator meißeln, wie er gleichzeitig unentwegt Feinde in den Staub tritt, mit Lanzen durchbohrt und winselnden Widersachern die Köpfe abhackt: Er ernennt sich selbst zum Haupt der Götter. Ramses ist schon nicht mehr der Jüngste, als er den Auftrag gibt, ihn im Sonnentempel von Abu Simbel als jugendstarken Gott zu verherrlichen. War Echnatons Vater noch damit zufrieden, sich als Kolossalstatue im Doppel aufstellen zu lassen, so füllt Ramses ganze Tempelfassaden und -hallen mit Statuen von sich als Gott in Vierer- und Achterreihen. Weitere Götter werden zugelassen, um ihn zu umarmen. Ramses ist unter seinesgleichen, und im Götterrat nimmt *er* den Vorsitz ein. Durch eine genau berechnete Tempelöffnung treffen *ihn* die Strahlen der aufgehenden Sonne, während für die übrigen Götter kaum ein kleiner Strahl abfällt. Neben seinen eigenen Tempel in Abu Simbel stellt Ramses für seine Lieblingsfrau einen kleineren, den er Hathor, der Liebesgöttin, weiht. Er lässt diesen Tempel zuerst bauen, damit die Architekten keine Fehler machen, wenn sie sich an seinen Haupttempel wagen. Einem anderen Pharao wäre vielleicht zur Selbstverherrlichung im Tempel einer Göttin nicht allzu viel Neues eingefallen. Doch hier übertrumpft Ramses alle: Zwar ist der Hathortempel der Liebesgöttin geweiht, aber sie trägt – seine eigenen Züge. Ramses schreckt keineswegs davor zurück, sich selbst auch als ägyptische Venus anbeten zu lassen.

Vor dieser Kulisse von Protz und Prahlerei gewinnt die »zärtliche Revolution« von Amarna auch in der lebensnahen Darstellung des Königs und seiner Familie Kontur. Die Traumstadt Achetaton schmücken Kunstwerke, die von der »Maat« bestimmt sind. Maat ist ein Schlüsselwort der »Aton«-Zeit. Man ist versucht, Maat mit einem Wort des alten Fontane zu umschreiben: Natürlichkeit, die »nicht nur das Beste, sondern auch das Vornehmste« ist. Maat im Sinn von »Wahrheit und Natürlichkeit« schließt Echnaton sogar in seine offiziellen Titel und Beinamen ein; einer lautet »Der in der Maat lebt«. Das Königspaar selbst unterweist die Künstler in der Maat und regt an, die Natur in einer vibrierenden Lebensfeier in ihren eigenständischen Äußerungsformen abzubilden, ohne zu idealisieren (denn die Natur ist »sich unmittelbar selbst genug«). Die Naturtreue geht so weit, dass selbst geistige Spannungen und körperliche Unzulänglichkeiten dargestellt werden, so dass uns nicht mehr das zeitlose Idealbild eines Gottkönigs entgegentritt, sondern unverwechselbar und individuell erfasst: der Mensch Echnaton, der sich selbst mit Mut zur Hässlichkeit (dieses Kinn!) abbilden lässt, das trifft auch auf »die schönste Frau der Welt« zu, die sich ungeschminkt privat porträtieren lässt. Es geht nicht um glatte Schönheit; auch mit lächelnd entwaffnender Wahrhaftigkeit kann die Kunst der Maat verzaubern, vor allem nachdem der Wahrheitshunger der ersten Jahre mit expressivem Mut zur Hässlichkeit sich beruhigt hat. Aufflatternde Vögel, Blumen und Gräser in zarten Farben, Tier und Landschaft, »was da kreucht und fleucht« wird um seiner selbst willen dargestellt, nicht als Kulisse von Pharaonen mit Hofstaat. Da werden beispielsweise Wildenten im Flug durchs Schilf gemalt – »nur« Enten im Flug durchs Schilf, ohne einen Pharao, der sie jagt und erlegt. Aber was ist, wird liebevoll beobachtet und gewinnt Eigenwert in der Eigenart seiner lebendigen Form.

Auch die Dichtung feiert das Leben in der Maat: Aus Grabinschriften, die in Achetaton entdeckt wurden, kennen wir den Großen Sonnengesang, der Echnaton *und* Nofretete zugeschrieben wird. In diesem Sonnenlied wird Aton angerufen, der das Küken in der Schale piepen und Bäume und Pflanzen blühen lässt. Aton ist Amme aller Menschen, auch wenn sie in Gestalt und Farbe verschieden sind. Für Echnaton und Nofretete sind alle Menschen, alle Geschöpfe, Kinder des Strahlengestirns. Den einen schenkt Aton den Nil, den andern den »Nil am Himmel«, den Regen. Das Sonnenlied von Amarna ist nicht in der erstarrten Kultsprache der Priesterkaste gedichtet, sondern in der Umgangssprache des Volks. In den alten Tempeln hatten nur Priester Zugang zum Götterbild im Allerheiligsten: Die Sonne haben aber alle täglich vor Augen als Sinnbild des einen Gottes, der Leben schenkt.

Der Sonnengesang feiert die Erschaffung von Tag und Nacht, Wasser und Land, Mensch und Tier: »Das Küken piept schon in der Schale. / Du gibst ihm Atem zum Leben. / Wenn du es vollkommen gemacht hast, / Durchbricht es die Schale und schlüpft aus dem Ei. / Das Neugeborene läuft herum auf seinen zwei Füßen und piept, was es kann ...

Du bist es, der den Samen in den Männern gemacht hat. / Du bist es, der das Kind in der Frau schafft. / Du schenkst ihm Ruhe im Leib, damit es nicht weint. / Du Amme im Mutterleib.« Der Große Sonnengesang endet mit dem Namen Nofretetes, was als bekräftigende Besiegelung oder Signatur der Königin verstanden werden kann.

Weltfromm, spontan, frisch, natürlich, voller Anmut und sinnlichem Reiz sind auch Liebesgedichte, die der Geist der Amarna-Zeit durchatmet. Hier ein kleines Gedicht, sozusagen ein Schnappschuss: Eine junge Frau richtet ihre Frisur, denkt dabei an ihren Geliebten, springt auf, läuft auf ihn zu – und entzieht sich ihm kokett, als er sie umarmt:

»Mein Herz dachte an dich. / Mein Haar war halb geflochten, / Als ich dich suchen lief. / Die Locken lösten sich / Und fielen mir auf die Brust. / Liebster – wenn du mich jetzt loslässt, / Ist meine Frisur sofort fertig!«

In dem Kornblumen-Lied aus einer Gedichtfolge über Blumen, die eine Braut zum Kranz flicht, hören wir die Liebende: »Hier – Kornblumen. / Mein Herz neigt sich dir zu / Wie die Blume dem Korn. / Ich fülle deine Arme mit allem, / Was du

begehrst./Dein Blick macht schöner als Augenschminke./
Ich sehe, weil ich dich sehe.

Wie die Kornblume in den Kranz/Schmiegt sich mein
Herz an dich, um deine Liebe zu fühlen./Schön, wie schön ist
diese Stunde./Ich möchte, dass sie nicht endet.

Nach deiner Umarmung schlägt mir das Herz zum Hals./
Will es stillstehen in Schmerz,/Wird es vor Freude wirbeln,/
Wenn du mich nicht verlässt.«

Auch in einem anderen, wohl einem der ersten großen
Liebeslieder der Weltliteratur, spricht die Liebende über die
Macht der Liebe: »Meine Liebe hat sich mit meinem Leib ge-
mischt/Wie Gewürz mit dem Fleisch des Liebesapfels,/Wie
Wasser mit Wein,/Wie Salz sich in Wasser löst./Eile, eile, dei-
ne Geliebte zu lieben,/Wie ein schnellendes Pferd,/Wie ein
Stier zum Futter stiebt./Der Himmel schenkt uns Liebe/Wie
Feuer, das blitzschnell aufflammt,/Wie ein Falke vom Him-
mel stürzt.«

Die Hauptstadt Achetaton, die Stadt der Sonne, des Lä-
chelns, die Traumstadt – bleibt ein Traum: ein Zwischenspiel
von nur gut einem Jahrzehnt in den Jahrtausenden ägyptischer
Geschichte. Echnaton ist kaum dreißig Jahre alt, als er stirbt.
Das Ende Nofretetes liegt im Dunkeln. Möglicherweise hat sie
bis zu ihrem Tod als Königin regiert, wonach Tutenchaton
durch Heirat mit ihrer Tochter Anchesenpaton Pharao wurde.
Dass Nofretete göttliche Verehrung genoss wie ein Pharao, ist
durch Inschriften und Bildwerke gesichert.

Die Priesterschaft erobert schnell ihre Macht wieder. Der
Thronerbe muss zu »Amun« zurückkehren, was sich auch in
seinem Namen spiegelt. Er nennt sich nicht länger Tutench-
aton, sondern wieder Tutench*amun,* Achetaton wird aufgegeben. Echnaton wird zum »Gefallenen«, »Frevler« oder »Ketzer«
erklärt. Selbst die Erinnerung an Echnaton wird ausgelöscht,
sein Bild zerschlagen, sein Name aus den Inschriften heraus-

gehauen. Auch Bilder und Inschriften Nofretetes trifft dieses Schicksal. Eine Laune der Geschichte: Unter allen Pharaonengräbern hat nur das Grab des Kindkönigs Tutenchaton/ Tutenchamun, kaum angeplündert, die Jahrtausende überdauert – eine Schatzkammer mit Kunstwerken aus der Zeit Nofretetes voller Zärtlichkeit, Anmut und Kraft.

Der Name der Sonnenstadt Achetaton wurde vergessen. Bei den Forschern heißt die wiederentdeckte Hauptstadt heute Amarna nach einem Beduinenstamm, der Gräber und Überreste der zerfallenen Paläste geplündert hat. Unvergängliche Zeugnisse der Amarna-Kunst sind die Porträtbüsten Nofretetes. Eine bemalte Büste – jetzt der Mittelpunkt des Ägyptischen Museums in Berlin – gilt heute als »das bekannteste Frauenbildnis der Weltgeschichte«: Wie wurde die »Schöne vom Nil« wiederentdeckt?

Im Dezember 1912 gräbt Ludwig Borchardt in Amarna. Die Archäologen haben den Talkessel in Planquadrate aufgeteilt. Im Planquadrat P 47 abseits des ehemaligen Palastviertels stürzt in der Mittagshitze ein Hilfsarbeiter auf Borchardt zu: Gerade wurde eine »lebensgroße, bunte Büste« entdeckt! Aus dem Schutt einer Bildhauerwerkstatt kommt die bemalte Büste einer Königin ans Licht. Es ist Nofretete. Die zauberhafte Büste ist fast unversehrt. Der Forscher schreibt in sein Tagebuch: »Wir hatten das lebensvollste ägyptische Kunstwerk in Händen ... Beschreiben nützt nichts, ansehen!« Bei der Freilegung werden noch weitere Bildnisse der Königin entdeckt, darunter eine unvollendete Büste, die in das Museum von Kairo gelangt. Sie steht dem berühmten Berliner Bildwerk an Hoheit und Ausdruckskraft nicht nach.

Wenn wir die innere Abkehr von Angst und Furcht und Schrecken und die Bejahung von Vertrauen und Liebe als »Lächeln von Amarna« verstehen wollen, dann hat das »Lächeln von Amarna« in diesen Bildwerken die Zeiten überdauert. Doch nicht nur im Bild: Obgleich Priester und reaktionäre Pharaonen alles, was an Aton erinnert, zerstören, die Bilder und Namen von Echnaton und Nofretete, die ihnen unter die Hände kommen, von den Wänden hauen und aus Inschriften kratzen – in der Vorstellung, dass dadurch Echnaton und Nofretete nicht weiterleben würden und das Andenken an das Ketzerpaar für immer ausgelöscht wäre –, haben Echnaton und Nofretete dennoch über die Jahrtausende weitergelebt in ihrem Werk: Ihr Großer Sonnengesang fließt in die Bibel ein (Psalm 104) und wirkt im Sonnengesang von Franz von Assisi nach. Echnaton und Nofretete haben an die Stelle der vielen Götter einen Gott gesetzt, und in ihrem Schatten steht – so Sigmund Freud – auch das Christentum noch heute. Freud hat sich mit Echnaton in immer neuen Ansätzen befasst: »Alles, was wir über diese merkwürdige, ja einzigartige Persönlichkeit erfahren können, ist höchsten Interesses würdig.« Erst am Ende seines Lebens formuliert Freud in seinem abschließenden Werk »Der Mann Moses und die monotheistische Religion« den entscheidenden Satz: »Die große religiöse Idee, die der Mann Moses vertrat, war ... nicht sein Eigentum; er hatte sie von seinem König Ikhnaton [Echnaton] übernommen. Und dieser, dessen Größe als Religionsstifter unzweideutig bezeugt ist, folgte vielleicht Anregungen ... aus dem näheren oder ferneren Asien« (womit wiederum Nofretete als Königstochter aus Mitanni einbezogen erscheint).

Freud widmet Echnaton und Moses, den er für Echnatons Schüler hält, seine letzte Schaffenskraft. Freud übergibt erst in seinem Todesjahr 1939 seine Deutung der Geschichte von Moses und Echnaton der Öffentlichkeit. Er hält sie bis dahin zurück, weil seine Deutung so brisant ist, dass er Schritte konservativer kirchlicher Kreise gegen sich und seine Familie befürchtet. Er sieht in Moses einen Vertrauten, wohl einen Ver-

wandten Echnatons. Für Freud ist Moses nicht Hebräer, sondern Ägypter, wofür auch der Name »Moses« spricht: »Moses«
ist kein hebräisches, sondern ein ägyptisches Wort und bedeutet »Kind«. Für den ägyptischen Prinzen Moses ist der frühe
Tod Echnatons, der Verfall Achetatons, die Rückkehr Tuten-
chamuns zur Vielgötterei »das Ende aller Erwartungen«. Moses will aber nicht mit dem Glauben an seinen einen Gott »als
Geächteter« in Ägypten weiterleben. Nach Freud führt nun
Moses ein unterjochtes Volk von Fronarbeitern – »Habiru« –
aus Ägypten in ein neues Land, um mit diesem Volk den Glauben an den einen allerhaltenden Gott zu retten und zu bewahren. Die Habiru oder Hebräer wenden sich aber auf dem Weg
ins gelobte Land von dem Glauben an den einen Gott, den
ihnen der Ägypter Moses brachte, wieder »murrend« ab, wie
wir aus der Geschichte von ihrem Tanz um das Goldene Kalb
wissen, und erst später kommt es zur Wiedergeburt des Glau-
bens an den einen gütigen Schöpfergott aller, an den Gott –
wie Freud es sieht – des Pharaos Echnaton und seiner Frau
Nofretete.

Die See- und Piratenkönigin

ie »See- und Piratenkönigin Granuaile« lebt in irischen Volksliedern als Gronia fort. Die Tochter eines Kleinkönigs im wilden Westen Irlands lernt früh, ein Schiff zu »kapitänen«. Sie heiratet den Chef des Clans der Flaherty und kämpft nach seinem Tod zu Wasser und zu Land erfolgreich gegen die Engländer, die im Auftrag der englischen Königin Elisabeth – der »Gloriana« – in den irischen Westen eindringen. Gronia jagt von ihrer Insel Cliara aus mit ihrer Flotte englische Schiffe vor der irischen Küste. Sie gerät in englische Gefangenschaft, der sie auf rätselhafte Weise entkommt. Sie kann kaum zweifeln, dass es ihr ergeht wie Elisabeths schottischer Gegenspielerin Maria Stuart, die »Gloriana« enthaupten lässt – dennoch segelt sie nach London und erlangt in einer Unterredung mit Elisabeth I. alle Freiheiten, die sie fordert. Gronia, gleichaltrig mit Elisabeth I. »geboren 1530«, stirbt, ebenso wie Elisabeth, 1603.

Nirgendwo ist Irland wilder als im Westen, wo sich zerklüftete Halbinseln mit Steilufern ins Meer hinausrecken, überwuchert von Iris, Fuchsienbäumen, üppigen Calla-Stauden und – auf vorgelagerten, golfstromumspülten Inseln – undurchdringlichen Rhododendronwäldern. Wer sich in den wilden Westen Irlands wagt mit seinen himmelhohen Steilküsten, die lotrecht in den tosenden Atlantik abstürzen – »Gott helfe uns!« heißt es noch heute, wenn man den Namen dieser Landschaft ausspricht: »County Mayo« –, wer sich in die Urnatur der wilden Grafschaft Mayo verirrt, findet in Louisburgh am Atlantik eins der ungewöhnlichsten Museen Europas. Es ist einer Frau gewidmet, allein dieser Frau, der faszinierendsten der irischen Geschichte – rothaarig, grünäugig, wie nur je eine Irin; leidenschaftlich, todesmutig und schön wie die Sünde. Sie ist wie eine Märchengestalt mit dem Wasser verbunden, aber keine Undine oder Lilofee, sondern eine Seekönigin, Patriotin und Piratin – die all die wilde Schönheit dieser Landschaft zu verkörpern scheint. Nur: Wie sie nennen? Ihr mehrteiliger altirischer Name Granuaile oder Grainne ui Maille ist für Nicht-Iren nahezu unaussprechbar, und die britischen Eroberer haben den Namen ihrer Feindin bis zur Unkenntlichkeit zu »Grace O'Malley« verballhornt: Warum also sie nicht so nennen, wie sie heute in Liedern junger irischer Sänger weiterlebt? Im Druck der Lieder und Balladen erscheint ihr Name als »Graniu«. Ausgesprochen wird er weich und fast zärtlich: »Gronia«. Bleiben wir bei *Gronia*.

Was aber ist Wahrheit, was ist Dichtung in den Erinnerungsranken um die See- und Piratenkönigin, die den wildesten Küstenstrich im Westen Irlands beherrschte? Sie ist (um) 1530 geboren, wie ihre Gegenspielerin Elisabeth I., deren Truppen die Insel unterjochen und die alte irische Ordnung stürzen wollen; Gronia ist die Tochter eines irischen Kleinkönigs oder Clan-Häuptlings. Es gibt – das ist die alte irische Ordnung – Clans oder Verbände von Großfamilien, deren Oberhaupt nach dem Tod des Clan-Chefs neu gewählt wird. Gronias Vater kann seinen Stammbaum auf die Könige von Connaught zurückführen, aber er trägt noch wie ein Indianerhäuptling einen Namen, der aus dem Reich der Natur genommen ist: Er nennt sich Dubhdarra, »Schwarze Eiche«.

Schwarze Eiche hat von zahlreichen Frauen zahlreiche Kinder, denn im alten Irland ist noch die Probeehe auf »mindestens ein Jahr« üblich. Gronia wird in einem der festungsartigen Turm-Schlösser ihres Vaters geboren: Es sind viele Stockwerke hohe Türme mit einer Wendeltreppe, die bis zum First und zu dem die Zinnen überragenden Ausgucktürmchen führen. Es heißt immer auf der Hut sein vor einem Angriff zu Wasser oder zu Land. Der ganze vielgeschossige Wohnturm ist durchdrungen vom beißenden Geruch des Torffeuers in gewaltigen Kaminen, mit dem sich der Duft des Heus mischt, das in rechteckige Holzgestelle geschüttet wird, die – bedeckt mit grobgewebten Tüchern – als Schlafstätten dienen. Es geht ums Überleben, nicht um Komfort. Die irischen Clans befehden sich rund ums Jahr; dazu gibt es Krieg mit eindringenden Engländern, von den viehräuberischen Schotten, die in hellen Scharen einfallen, ganz zu schweigen. Von der See her droht immer Gefahr, Piraterie ist gang und gäbe. Schwarze Eiche unterhält für die Kindstaufen, Hochzeiten und Begräbnisse seines Clans der »Maille« einige Mönche in zwei Abteien, eine auf dem Festland und eine auf seiner Hauptinsel Cliara, die vor dem Hafen von Louisburgh liegt.

Eine junge Irin lernt Kochen, Weben, oft auch Harfespielen. Gronia lernt auch Latein: Nicht weil sie gelehrte Neigungen hätte – sie will ihrem Vater abtrotzen, dass er sie auf große Fahrt mitnimmt. Ein irischer Seefahrer kommt bis Frankreich, Spanien, Portugal, England: dort wird überall als eine Art Esperanto der Zeit Latein verstanden. Gronia könnte sich jetzt mit ihrem Latein an Bord nützlich machen. Ihre Mutter wehrt ab: Eine junge Dame mit so schönen langen Locken könne keine Matrosin werden! Gronia stürzt davon und schneidet ihre Lockenpracht ab – sie schert sich einen Kahlkopf, wie die irische Überlieferung weiß – und erreicht, was sie will. Endlich darf sie ihren Vater auf See begleiten, nachdem sie sogar ihre Haare geopfert hat! Mit gutmütigem Spott wird sie an Bord »Kahlkopf« gerufen, aber die Lockenpracht wächst nach.

Gronias Clansleute, die neben Fischfang auch Seehandel betreiben, sind Spurenleser zur See, unschlagbar in der gefährlichen Klippenwelt jener mörderischen Küste mit Felswänden, die bis in den Himmel zu ragen scheinen, einer Felsküste, an der sogar die navigatorisch bestausgerüstete Flotte der Zeit, die spanische Armada, scheitert. Hier lernt Gronia, ein Schiff zu »kapitänen«. Als sie sechzehn ist, muss sie Abschied von der See nehmen: Sie wird mit Donal verheiratet, einem jungen Mann vom Nachbar-Clan der Flaherty. Ob die jungen Brautleute gefragt wurden, ist sehr zweifelhaft: Es ist eine gute Partie für die Flahertys, denn Gronias Clan kontrolliert die wichtigste Bucht der Küste, und es ist eine gute Partie für den Clan der Braut, denn der kämpferische Donal O'Flaherty gilt schon in jungen Jahren als »Tanaist« seines Clans, er ist sozusagen der Thronanwärter: Donal würde einmal der »Flaherty der Flahertys« werden, das Oberhaupt dieses einflussreichen Clans.

Als Gronia drei Kindern das Leben geschenkt hat, Margaret, Owen und Maor, erstürmt Donal, der jetzt den Beinamen »der Hahn« trägt, ein geräumiges Schloss des benachbarten – feindlichen – Clans der Joyce. Das große Schloss ist am schwer zugänglichen Ufer eines Binnensees gelegen. Kurz danach lauern die Joyce Donal auf und erschlagen ihn kurzerhand, als er zur Jagd reitet. Sie glauben, dass ihnen ihr prächtiges Schloss jetzt wieder wie ein reifer Apfel in den Schoß fällt. Aber sie haben nicht mit der »Henne«, der jungen Witwe des Hahns, gerechnet: Gronia verteidigt das Schloss am See so erfolgreich, dass die Joyce das Weite suchen. Auch den Engländern, die immer weiter in Irlands wilden Westen vorstoßen, sticht das Seeschloss ins Auge. Gronia errichtet eine Kette von Signaltürmen an der Küste und lässt Signalfeuer entfachen, wenn Engländer anrücken. Die Clansleute kommen ihr zu Hilfe. Sie schlägt die Engländer zurück, noch heute heißt das malerische Seeschloss »Hen's Castle«.

In zwei Kämpfen hat sich »die Henne« siegreich geschlagen – jetzt macht sie die Atlantik-Insel Cliara zu ihrem Hauptsitz; ihre eigentliche Heimat wird die See. Von Cliara aus kapitänt sie ihre Schiffe bis nach Portugal und bringt Wein, Gewürze, Kristallglas und Seide nach Irland. Aus englischer Sicht heißt das Schmuggel: Gronia unterläuft den Zoll, der von den Engländern eingetrieben wird, die sich schon im westirischen Haupthafen Galway festgesetzt haben. Von Cliara aus lotst sie auch fremde Schiffe durch die tückischen Gewässer vor der irischen Steilküste, und von hier aus treibt sie das, wofür ihre irische Biographin Anne Chambers die schonende Umschreibung findet, Gronia habe sich *nicht immer* auf Seehandel beschränkt: Sie »kapitänt« nicht nur, sie »piratet« auch. Die Schiffe, die den englisch kontrollierten Hafen Galway anlaufen wollen, sind vor ihr nicht sicher. Vor allem kapert sie Schiffe der verhassten Engländer. Damit wächst ihr Ruhm. Als Piratin ist sie mit ihren 200 Mann auf drei Galeerenschiffen nicht irgendwer. Ihre Segler sind mit fünfzehn Ruderern an jeder Seite bemannt – dreißig Mann, die dem Schiff ungewöhnliche Schnelligkeit verleihen. Hoch am Mast flattert Gronias Fahne mit ihrem Wappen. Es zeigt eine Galeere unter einem borstigen Eber mit dem Motto »TERRA MARIQUE POTENS«: Mächtig zu Wasser und zu Land!

Um 1566 heiratet Gronia ihren zweiten Mann, Richard mit dem Beinamen »an-Iarainn«, »aus Eisen«. Sie heiratet ihn zur Probe »für mindestens ein Jahr«. Richard ist normannischer Herkunft und Tanaist des angrenzenden Clans der Burke, ein Name, der mit dem deutschen ›Burg‹ verwandt ist. Es ist nicht die erste Heirat zwischen den beiden Clans. Schon ein Jahrhundert vorher hat eine junge Frau gleichen Namens einen Vorfahren von Richard geheiratet. Eine schöne Erinnerung bewahrt das Irische Nationalmuseum in Dublin auf. Dort steht ein vergoldeter Silberkelch von 1494 mit der Inschrift: »Thomas de Burgo et Grainne ui Maille me fieri fecerunt«. Auf einem Schiff gebiert Gronia 1567 ihren dritten Sohn, Tibóidna-Long, »Theobald von den Schiffen«. Eine Anekdote erzählt: Am Tag nach seiner Geburt auf hoher See wurde Gronias Schiff von einem Korsaren angegriffen, bemannt mit türkischen Piraten. Als auf Deck bis aufs Messer gekämpft wurde, stürzte Gronias Stellvertreter zum Wochenbett, um zu melden, die Iren würden verlieren – aber wenn sie, Gronia, sich an Deck zeigen würde, dann könnte das den Kampf noch wenden! »Euch soll es ein Jahr lang jeden Tag sieben Mal schlechter gehen als heute, wenn ihr nicht einen einzigen Tag ohne mich auskommen könnt!«, rief Gronia, stürmte an Deck und schoss mit einer Muskete auf die Türken und lachte: »Nehmt das von einer Ungläubigen!« Ihre Mannschaft schöpfte Mut. Gronia und ihre Männer gewannen den Sieg, und sie erbeuteten das »Korsarenschiff«, worauf sie alle heimwärts segelten und ihren Sieg feierten. Richard tritt dabei nicht auf. Er scheint – außer dass er Theobald gezeugt hat – keine größere Rolle in ihrem Leben gespielt zu haben. Das steht zwischen den Zeilen des Briefs eines englischen Statthalters in Irland, Sir Henry Sidney, Vater von Sir Philip Sidney.

Philip ist das Idol des elisabethanischen Zeitalters, Favorit der englischen Königin Elisabeth I., der »Gloriana«, und

»Dichter der Liebe« – Dichter von Liebessonetten, die als die schönsten neben denen Shakespeares gelten. Vater Henry berichtet, und es ist Gronias erster Auftritt in den englischen Annalen ihrer Zeit, er habe eine Frau gesehen, »eine sehr berühmte Kapitänin ... mit drei Galeerenschiffen und zweihundert Mann ... sie brachte ihren Mann mit ... Er trug den Spitznamen ›der gefesselte Richard‹«. Das ist ein geistreiches Wortspiel; nicht mehr »der eiserne Richard«, »Richard *of* Iron«, sondern »Richard *in* Iron«: »der gefesselte Richard«! Sir Henry Sidney fährt besorgt fort: »Diese Frau war das Tagesgespräch an der ganzen Küste von Irland. Mein Sohn sah diese Frau und unterhielt sich eindringlich mit ihr«. Welche Folgen Gronias eindringliche Unterhaltung mit dem entflammbaren Dichter und Günstling Elisabeths I. noch haben wird, ist da noch nicht abzusehen. Sir Philip klagt in seinem gefeierten Gedicht vom »Schlaf«, dass ihm das Bild einer stolzen Schönen so sehr vor Augen steht, dass ihn sogar der Schlaf flieht, und wenn er Schlaf findet, dann sieht er im Traum noch lebendiger als im Wachen das Bild von »Stella«. Sicher ist Stella nicht Elisabeth I., deren Liebhaber Philip ist. »Gloriana« gibt sich zwar als stolz-unnahbare »jungfräuliche Königin« – aber Philip weiß es besser. Ist Stella, wie angenommen wurde, vielleicht Penelope, die Tochter von Lord Essex, einem späteren Liebhaber der Königin Elisabeth? Es wäre pikant. Oder schwingt die Erinnerung an eine »Stella maris« mit, an einen »Meerstern« – an die »Seekönigin«, die dem verliebten Dichter den Schlaf raubt? Welche »liebe Sie« – »dear She«, wie Sir Philip dichtet – hat er jetzt vor Augen, wenn er die Gestirne fragt: »O Mond, sag mir ... Gibt es dort Schönheiten so stolz wie hier auf Erden? / Liebt dort auch Liebe, um geliebt zu werden?« Welche der »Schönheiten« auch Sir Philip den Schlaf raubt: Gronia hat den jungen, leidenschaftlichen Dichter sicher beeindruckt – was der besorgte Vater gar nicht übersehen konnte, als sich Philip eingehend mit der stolzen Piratenkönigin »unterhielt«.

TERRA MARIQUE POTENS! Der ›Meerstern‹ kämpft auf See, aber auch zu Land mit dem Schwert in der Hand gegen die englische Übermacht. Bei einem Gefecht fällt Gronia in die Hand der Engländer und wird 1578 in ein Verlies der Festung Dublin gebracht. Für die freiheitsliebende Gronia muss diese Kerkerhaft furchtbar gewesen sein. Sie sitzt in klammen Kleidern hinter feuchten Kerkermauern in einem dumpfen Verlies, das die Gefangenen gewöhnlich nur einmal verlassen: Wenn sie zur Hinrichtung geführt werden. Selbst Anne Chambers, die Jahrzehnte der Erforschung des Lebens und der Zeit Gronias gewidmet hat, kann es sich nicht erklären: Gronia kommt frei! »Wie es … gelingen konnte, den ewigen Fesseln zu entkommen, bleibt ein Rätsel.«

Aufschlussreich sind zwei Briefe des höchsten englischen Justizbeamten in Irland – er ist auch ihr Kerkermeister. Den ersten schreibt der »Lord Justice«, bevor er Gronia gesehen hat. Da berichtet er voll entrüsteter Verachtung von der berüchtigten Kapitänin und Piratin und Kommandantin räuberischer Mörder, die jetzt hinter Schloss und Riegel sitze. Der zweite ist nach seiner Begegnung mit Gronia geschrieben. Jetzt nennt er sie eine Herrscherin aus Connaught, dem alten Königreich im irischen Westen – später wird Gronia auch als »Königin von Connaught« bezeichnet – und fährt fort, sie sei »berühmt für ihren unerschütterlichen Mut und überhaupt für ihre Persönlichkeit und außerdem für eine Reihe beeindruckender Unternehmungen auf See!« – dieser Lord Justice dürfte Gronia nicht weiter gefährlich geworden sein. Ob aber nicht auch Sir Philip Sidney bei ihrer Befreiung eine Rolle gespielt hat? Später sucht Gronia sogar in London Königin Elisabeth auf: Eine Begegnung, die ohne einflussreiche Vermittlung kaum zustande gekommen wäre.

Nach mehreren Siegen über die Engländer wird ihr jüngster Sohn Tibóid-na-Long bei einem Gefecht gefangen genommen, auch ihr zweiter Sohn Maor und ihr Bruder – oder ist es ein Halbbruder? – Piopa. Gronia befürchtet für die Gefangenen das Schlimmste – und segelt zu ihrer Feindin Elisabeth. Sie will erreichen, dass Tibóid-na-Long, Maor und Piopa freikommen. Sie will auch die Fesseln lockern, die vorrückende Engländer ihr in ihrem eigenen Land anlegen. Gronia hat zwar das Schicksal der schottischen Gegenspielerin der »Gloriana« vor Augen: Maria Stuart wurde nach langer Haft in England enthauptet. Dennoch – Gronia segelt nach London, mitten in die Höhle der Löwin.

Im September 1593 begegnen sich die beiden Frauen in Greenwich Castle, dem Londoner Lieblingssitz Elisabeths I. Bis ins Alter kultiviert Elisabeth die Erscheinung der Jungfräulichen Königin und den Schein ewiger Jugend mit Hilfe virtuoser Coiffeure, Kosmetikerinnen und Zofen. Jede Falte ihres Gesichts ist mit Creme und Puder zugemörtelt und geglättet. Ihr Haar – ein Paradestück der Perückenkünstler – umflammt rot wie die Sonnenscheibe die marmorweiß gepuderte Stirn vor einem kreisrund hochgestellten Spitzenkragen – alles übersät von sternblitzenden Juwelen. Ein Blick allein auf diese Perücke verwirrt das Auge: Die morgensonnenrote Haarpracht ist gesäumt von einem Kranz von Diamanten, die aus dem Perückenhalbrund herausflammen. Ein Juwel baumelt ihr von der Perücke in die Stirn, und auf dem Scheitel thront ein perlenbesetztes goldenes Krönchen, das ein flaumleichter Federbusch überwippt. »Gloriana« hält Gronia die Hand zum Kuss entgegen, doch die Königin muss ihre Hand zu der hochgewachsenen selbstbewussten Irin hinaufheben. Beide Frauen haben sich auf das Gespräch gründlich vorbereitet. Elisabeth kann – auf den ersten Blick – keinerlei Interesse daran haben, Gronias Wünsche zu erfüllen. Die Irin ist in ihren Augen nicht nur eine Piratin – was allerdings Elisabeth am wenigsten stört, einer ihrer Günstlinge hat selbst als Pirat angefangen –, schlimmer und ärger: Gronia ist bekannt als irische Freiheitskämpferin, der die englische Besatzung ihrer Heimat ein Stachel im Fleisch ist. Als Gronia während der Audienz ein Taschentuch erbittet, wird ihr ein spitzenbesetztes Tüchlein gereicht. Sie benutzt es und wirft es anschließend ins Kaminfeuer. Elisabeth ist – von ihren zweitausend Roben, in denen sie Staat macht, einmal abgesehen – die sparsamste Königin, die je auf einem Thron gesessen hat; sie zuckt zusammen und wirft nicht ohne Schärfe ein, solch ein gebrauchtes Spitzentüchlein werde in eine Tasche gesteckt! Gronia erwidert, in ihrer Heimat werfe man, was verwendet und beschmutzt worden sei, weg.

Welten liegen zwischen der Engländerin und der Irin. Trotzdem spüren die beiden Frauen, wie ähnlich sie sich sind. Beide haben sich in einer Männerwelt durchgesetzt und über Jahre, Jahrzehnte hinweg behauptet. Am Ende des Gesprächs verfügt Elisabeth die Freilassung der Gefangenen und stellt Gronia frei, ihrem alten Handwerk weiter nachzugehen. So verblüffend Gronias Sieg erscheint, es ist auch ein politischer Sieg Elisabeths. Elisabeth – nichts scheut sie mehr als einen kostspieligen Krieg – erreicht mit ihrem Entgegenkommen, dass ihr Gronia als königlich privilegierte Piratin auch Feinde Englands vom Hals hält, von denen es mehr als genug gibt, Spanier, Franzosen und die Korsaren, die allen Handel behindern.

Gronia kapitänt ihr Schiff zurück nach Irland. Sie ankert – wie überliefert wird – in der Bucht von Dublin vor dem Felsmassiv der Halbinsel Howth, unterhalb des Schlosses aus der Normannenzeit, das die Bucht von Dublin beherrscht. Nach irischer Tradition will sie dem Schlossherrn einen Besuch abstatten. Das Tor wird nicht geöffnet, der Lord ist nicht zu sprechen, er sei »zu Tisch«. Die hoffärtige Abfuhr ist der stolzen Irin wie ein Schlag ins Gesicht. Kurzerhand nimmt sie Lord Howth' Enkel gefangen und segelt ab. Lord Howth – der Enkel ist sein Augapfel – folgt Gronia und bietet ihr ein hohes Lösegeld an. Das Geld weist sie zurück – und gibt dem Großvater seinen Enkel wieder unter der Bedingung, dass das Tor von Schloss Howth für jeden offen steht, der Gastfreundschaft sucht, und dass immer ein zusätzlicher Platz am Speisetisch für einen unerwarteten Gast gedeckt wird. Der Lord reicht Gronia einen Ring, um sein Versprechen zu besiegeln. Der Ring ist erhalten, und selbst heute, nach vier Jahrhunderten, bestimmt das, was Lord Howth einmal Gronia versprochen hat, den Alltag auf dem Schloss mit: Das Tor steht offen, und im Speisezimmer ist immer ein zusätzlicher Platz am Mahagonitisch gedeckt, mit Silber und Porzellan, blütenweißer Serviette und Kristallgläsern für Weißwein, Rotwein und Wasser für einen unerwarteten Gast.

Niemand ist nach Gronias diplomatischem Sieg in London aufgebrachter als die englische Beamtenschaft, die sich im Westen Irlands eingenistet hat. Zuerst versucht ein Provinzialgouverneur die Freilassung der Gefangenen hinauszuzögern. Dann kommen sie zwar frei, aber unter erdrückenden Auflagen. Dieser Gouverneur halst Gronia eine »Bande« – wie sie schreibt – englischer Aufpasser und Soldaten auf, sie heißen heuchlerisch Schutztruppen, die Gronia zu bezahlen hat! Jeder der englischen Staatsdiener hat wiederum einen Diener, der ebenfalls fürstlichen Unterhalt fordert. Jeder Tag, den Gronia all diese Parasiten zu alimentieren hat, kostet sie und ihre Clansleute ein Vermögen. Die Bande nimmersatter Beamter und Militärs ruiniert das Land. Der Gouverneur lässt durch seine Soldateska den Iren das Vieh von den Feldern treiben. Der rabiate Gouverneur lässt siebzig Iren auf einmal hängen, die ihm nicht willfährig genug erscheinen, unter ihnen einen neunzigjährigen Edelmann. Die Iren an der Westküste erheben sich. Der stellvertretende Provinzgouverneur wird erschlagen, und der Gouverneur flüchtet nach England. Allerdings lassen sich seine Verbrechen im Amt nicht bemänteln: Er wird in England zur Rechenschaft gezogen und landet im Gefängnis. Inmitten all dieser Wirren stirbt Gronia im gleichen Jahr wie ihre Gegenspielerin Elisabeth, 1603, und wird auf ihrer Insel Cliara bestattet.

Wer heute die Abtei mit Gronias Grab besucht, findet auf Schautafeln vor dem Portal Farbfotos von verblassenden Fresken. Von zahlreichen Heiligen ist die Rede, von der Geschichte des Klosters, doch von Anfang bis Ende nichts von Gronia, nichts von ihrer Familie, die dieses Kloster schon 1224 gestiftet hat, nichts, was helfen könnte, Gronias Grab zu finden. Es wird mit keinem einzigen Wort erwähnt. Die irische Kirche schweigt die freiheitsbewusste, mutige, schöne Frau tot. Doch die Erinnerung an Gronia lebt nicht nur in dem einzigartigen Gronia-Museum in Louisburgh fort, sondern auch in vielen Balladen und Liedern junger irischer Dichter und Sänger. Wir hören in ihren Liedern, dass schon mancher in einem seewindgepeitschten Schlossturm am Meer eine wunderschöne Frau gesehen hat: Es ist Gronia selbst, sie spielt auf einer irischen Harfe, spricht ihren Landsleuten Mut zu und verheißt allen Iren die Freiheit: »Iren! Lasst den Mut nicht sinken / einmal sind wir alle frei!«

Nanny

Die Dämonin der Karibik

*K*olumbus nennt Jamaika: »Mein Paradies«.
*Für die Sklaven der christlichen Kolonialherren wird die Insel in der
Sonne dagegen zur Hölle. Viele können das entsetzliche Sklavenleben
nicht ertragen und töten sich selbst oder flüchten in die Regenwäl-
der: Den entsprungenen Sklaven, den »Maroons«, folgen britische
Regimenter mit Bluthunden ... Doch die Sklavin Nanny lehrt die
Kolonialherren das Fürchten, besiegt die englischen Regimenter mit
psychologischer Kriegsführung, mit »Wunderkürbis und Kampfba-
nane«, und erzwingt einen Vertrag, der die Maroons »für ewig frei«
erklärt. Die Nationalheldin Jamaikas stirbt um 1760. Ihr Freiheits-
wille lebt fort in den Reggae-Liedern des Maroons Bob Marley: ›Get up,
stand up ...‹*

Port Antonio – die alte Hauptstadt von Jamaika – war einmal
der größte Bananenhafen der Welt. Noch prangen die Villen
der Plantagenbesitzer nahe der »Blue Lagoon« an einem der

schönsten Küstenstreifen der Karibik. Hier baute der Hollywood-Star Errol Flynn sein Haus, hier lebte der Broadway-Star Noël Coward als Nachbar von »007«-Autor Ian Fleming, der einige seiner James-Bond-Filme hier drehen ließ. Vor der Kulisse hinreißender Villen mit Alte-Welt-Charme auf der paradiesischen »Insel in der Sonne« fällt es schwer, sich in den Sklaven-Alltag der Kolonialzeit zurückzuversetzen. Harry Belafonte, der selbst von jamaikanischen Sklaven abstammt, hat in einem Arbeitslied den Alltag der Bananen-Sklaven von San Antonio wiederbelebt:

> Day-O!
> Daylight come and we wanna go home.
> Come: Mister Dallyman, dally me banana!
> It's six foot, seven foot, eight foot – bunch.

Sklaven schleppen die meterlangen Schäfte, an denen ringförmig die Bananen wachsen, auf die Frachter. Der Aufseher – der »dally-man« – zählt nach, wie viele Bananen-Stauden jeder Sklave heranschleppt. Eine Staude ist sechs, sieben, acht Fuß lang. Die Bananen können wegen der Tageshitze nur nachts verladen werden. Die Bananen-Sklaven schuften die ganze Nacht, ohne zu essen. Endlich bricht der Tag an: »Day-O!«

Auch die Sklaven sind Ware – auf schlechteren Frachtern als den Bananenschiffen von der Elfenbeinküste hierher verschleppt: Auf Seelenverkäufern, unter Deck angekettet, fast wahnsinnig vor Durst, gepeinigt von Ratten, mögen viele gewünscht haben, sie wären nie geboren. Eins ist ihnen trotz allem geblieben: Ihr Lied, in dem sie sich ihre Qual von der Seele singen, und auch – auf Trommeln aus zurechtgeklopftem Blech und kleinen Rinderhörnern, den Abengs – ihre Reggae-Musik.

Im Mai 1494 läuft Kolumbus Jamaika an, um sein leckendes Schiff dicht zu machen. Er wird von Taino-Indianern gast-freundlich und höchst hilfsbereit aufgenommen. Sie rudern in einem Rennkanu zur Nachbarinsel Hispaniola, um für ihn Hilfe zu holen. Die Episode ist unvergessen. Noch heute werden in Erinnerung an diese sportliche Hochleistung der ausgerotteten Taino Kanurennen über weite Strecken aus-getragen. Nachdem Kolumbus abgesegelt ist, übernimmt ein spanischer Gouverneur die Macht mit dem Auftrag: »Die Christen in Jamaica sollen sich bemühen, Gold zu finden« – und die Eingeborenen sollen sie verpflegen. Die Christen – das sind zuerst fünfhundert Familien, die den Indios das Land wegnehmen und sie zu Fronarbeit zwingen. Der spanische Gouverneur und seine Beamten bereichern sich ohne Augen-maß. Sie beanspruchen die besten Farmen für sich als persön-liches Eigentum und verkaufen die Besitzer als Sklaven. Auch ihre »Zugtiere, Vieh, Viktualien und Vögel« – alles wird zu Geld gemacht, und immer mehr Indios werden auf Bananenplan-tagen und Zuckerrohrfeldern zu Sklavenarbeit gezwungen. Schon für kleinere »Vergehen« wird einem Sklaven ein halbes Bein oder ein halber Arm abgehackt. Nach zahlreichen Unta-ten gegen die versklavten Taino versuchen die geschundenen Indios sich eine Vorstellung von dem Gott der Spanier zu ma-chen und kommen zu dem Schluss: Die müssen einen ge-heimnisvollen allerhöchsten Gott haben, namens Gold. Nach einer Beratung der Ältesten füllen sie eine Kiste mit Gold und tanzen um sie herum, um – wie die Indios sagen – Ehrfurcht zu erweisen oder auf andere Art den Gott der Spanier in der Kiste zu besänftigen. Dann wendet sich der Kazike, der Insel-könig, an seine Stammesgenossen und rät, es wäre am besten, die Kiste mit diesem Gott wegzuschaffen. Er versenkt sie weit draußen im Meer.

Es hilft ihnen nichts, diesen Gott zu versenken: Jetzt werden die Jamaikaner auch noch verfolgt, weil sie nicht allen Goldbesitz angegeben haben. Als sie schließlich zum Freiwild erklärt sind und jeder katholisch verheiratete Spanier sie einfangen und als Arbeitssklaven nutzen kann, versuchen sie nach Kuba und Yukatan zu flüchten, manche vergiften sich selbst, weil sie die unmenschliche Behandlung durch die christlichen Sklavenhalter nicht ertragen, oder sie verbergen sich in den Wäldern und Bergen des Hinterlands.

Die ursprünglichen Bewohner Jamaikas sind ausgerottet. Geblieben ist der Name, den sie der fruchtbaren »Insel in der Sonne« gegeben haben: »Jamaika« (ursprünglich »Xaymaca«) heißt »Wald mit Wasser«. Geblieben ist auch ein Rest ihrer Sprache und Lebensart, der auch in unseren Wortschatz und Alltag eingeht.

Immer mehr Sklaven werden aus Afrika nach Jamaika verfrachtet, vor allem aus dem Volk der Aschanti – Jagdbeute von der Elfenbeinküste. Die fruchtbare Insel mit Bananenplantagen und Zuckerrohrfeldern und dem Arbeitsheer versklavter Afrikaner weckt die Begehrlichkeit englischer Kolonialherren. Sie vertreiben die Spanier – die geben 1670 Jamaika auf – und während die Spanier abziehen und die Engländer ihre Herrschaft festigen, versuchen Tausende von Sklaven von ihren Plantagen zu flüchten und den Dschungel zu erreichen.

Die englischen Plantagenbesitzer verfahren mit den Sklaven nicht weniger grausam; nach der Überlieferung der Inselbewohner sogar noch barbarischer: Wenn auf einer Plantage eine Ziege aus welchem Grund auch immer umkommt, dann wird einem Sklaven der tote Körper der Ziege auf den Rücken festgebunden, bis der Kadaver verrottet. Der Sklave ist »gezwungen, den Tierleichnam auf seinem Rücken zu tragen bis zur Verwesung des Kadavers«. So wird die Haut des Sklaven infiziert und sein Lebenswille als menschliches Wesen zerstört. Dagegen ist kein Kraut gewachsen, obwohl es unter den Sklaven aufgrund ihrer afrokaribischen Kultur gute Kräuterkenner und Naturärzte gibt. Wer aber flieht und wieder eingefangen wird – gnade ihm Gott.

1690 fliehen 400 Sklaven. Zwölf werden von nachsetzenden Briten erschossen, 70 wieder eingefangen. 318 gelingt die Flucht in die Wälder, doch sie tragen – in ständiger Furcht, entdeckt zu werden – wie Vieh das Brandzeichen ihrer Sklavenhalter bis an ihr Lebensende. Die Kolonialherren nennen die entflohenen Sklaven verächtlich »Maroons«. »Maroon« ist die englische Verballhornung eines spanischen Worts, das ursprünglich »wild« oder auch »Wildschwein« bedeutet. Die Maroons müssen im grünen Meer des Regenwalds untertauchen und alle Spuren verwischen, denn bald folgen ihnen die Briten mit Bluthunden, die sie auf die Insel gebracht haben. Vom Tod eingefangener Maroons berichtet der Leibarzt des britischen Gouverneurs von Jamaika, eines Herzogs von Albemarle, 1688: »Holzpfähle wurden in die Erde gerammt, die Skaven daran mit ausgestreckten Armen und Beinen gefesselt. Ihre Hände und Füße wurden angebrannt und sie wurden vom Fuß her bis zum Kopf verbrannt. Es war eine Bestrafung in der Tradition der spanischen Konquistadoren.«

Im Oktober 1730 marschiert von Port Antonio aus ein Stoßtrupp britischer Rotröcke in den Dschungel. Es gibt Gerüchte, dass in den Blue Mountains eine Afrikanerin, »Nanny«, einen Zufluchtsort für Maroons geschaffen hat. Doch »Nanny-Town« ist nicht leicht zu erreichen. Die britischen Rotröcke stolpern im Dschungel einen Pfad entlang, der kaum zu sehen ist. Sie müssen sich mit der Machete einen Weg freihauen. »Wurzeln angeln wie Fangstricke nach den Knöcheln. Manche Blätter, mit denen die bloße Haut in Berührung kommt, verursachen ein unerträgliches Jucken. Der Untergrund ist felsig und stark verwittert«, berichtet Uschi Wetzels einprägsam. Dazu kommen »Löcher, Spalten und Risse«. Schon beim nächsten Schritt kann sich einer ein Bein brechen – was dann? Die Rotröcke verlieren jede Orientierung und irren herum wie in einem Labyrinth. Auch Wolkenbrüche und Sturzfluten des Rio Grande vereiteln das Vordringen der Rotröcke bis zu Nannys Standort. Die Truppe kehrt unverrichteter Dinge nach Fort Antonio zurück. Ihr Kommandeur wird vor ein Kriegsgericht gestellt und zu einer hohen Geldstrafe verurteilt.

Jetzt müssen mehr Regimenter her. Der König von England schickt zwei weitere nach Jamaika, um Nannys Maroons einzufangen, zusätzlich zu den neun Regimentern, die bereits in zahlreichen Festungen Jamaikas liegen. Inzwischen spuckt die Gesetzesmaschinerie ein Gesetz nach dem andern aus, ein halbes Dutzend allein im Herbst 1730: Von einem »Gesetz zur Unterbindung des Verkaufs von Pulver an rebellische oder andere Neger« bis hin zum »Gesetz zur Ermunterung von Freiwilligenverbänden zur Unterdrückung der rebellischen Neger« – sprich, die Maroons sind vogelfrei, Freiwild: Jeder Weiße kann sie jagen und sich zur Beute machen.

Im Januar 1731 kommen die frischen Regimenter an. Eine starke Vorhut marschiert mit Bluthunden los. Die schilfrohrgedeckten Hütten der Maroons werden abgefackelt, Felder verwüstet. Schon spüren Bluthunde die ersten Maroons auf, die sich in Schutzhöhlen versteckt halten. Es kommt unter den verzweifelten Verfolgten zu den ersten Selbstmorden: In dieser Todesnot übernimmt jene Maroon-Frau das Kommando – *Nanny* –, über die es schon viele Gerüchte gibt. Nanny selbst agiert ohne Waffen, aber sie lehrt die Engländer das Fürchten. Zuerst wird sie mit den gefährlichen Bluthunden fertig. Sie reibt ihre Maroons mit einem Zitronenkraut ein. Es überdeckt den Menschengeruch, auf den die Bluthunde scharf sind. Auf Bergkuppen postiert sie Wächter, die geheime Warnsignale geben; hier kommen die afro-jamaikanischen Trommeln ins Spiel, auch das Abeng, das kleine Kuhhorn, das

Warnung und Verständigung unter den Maroons über weite Entfernungen ermöglicht: Höhe und Länge der Töne haben ihre Bedeutung.

Nicht nur Liebe, auch Freiheit geht durch den Magen. Wenn die Maroons in ihren Dschungelverstecken überleben wollen, müssen sie Nahrung finden. Wenn sich keine Rotröcke zeigen, können Maroons Wildschweine jagen – aber das Fleisch verdirbt schnell. Nannys Maroons lernen, Wildschweinfleisch bis zu einem halben Jahr haltbar zu machen. Sie greifen dabei auf eine indio-karibische Konservierungsart zurück. Die Indianer grillen ihr Fleisch auf einem Holzrost; von seinem indianischen Namen ist unser »Barbecue« abgeleitet. Das schmackhafte Fleisch, das auf ihrem Holzrost oder »barbecue« gegrillt ist, nennen sie dann »bucan«. Es hält sich längere Zeit und ist »ein gefundenes Fressen« für Piraten und Freibeuter. Daher wird auch für solche Grillfleisch- oder »bucan«-Esser der Name »Buccaneer« gebräuchlich. Die Maroons vervollkommnen notgedrungen die Grill-Künste der Karibik-Indianer, denn der Rauch eines offenen Feuers kann sie verraten. Daher wird vorsichtig auf Guavenholz gegart, wobei das Fleisch zugedeckt bleibt. Um es noch länger haltbar zu machen, wird stark gewürzt, mit reichlich Pimento, Pfeffer und Muskat. Nirgendwo schmeckt Grillfleisch besser als auf Jamaika, vor allem dort, wo Maroons noch heute leben, bei Port Antonio.

Eine rätselhafte Unruhe verbreitet sich unter den britischen Strafexpeditionen, wenn sie in die Nähe von Nanny Town gelangen. Es sind zuerst die schwarzen Lastenträger in der britischen Armee, die bei Kontakt mit Nannys Maroons in panischer Angst das Weite suchen. Der britische Gouverneur beklagt vor der gesetzgebenden Versammlung Jamaikas die beunruhigende Fahnenflucht der Träger-Sklaven. Er versucht, die Träger mit Geldgeschenken bei der Stange zu halten. Auf die Maroons setzt er Kopfgeld aus. Aber auch die britischen

Soldaten ergreift in der Nähe von Nannys Maroons eine rätselhafte Unruhe und Furcht.

Im Sommer 1733 spielt die britische Regierung ihre letzte Trumpfkarte aus. Kampferprobte Matrosen von Kriegsschiffen der britischen Flotte werden zusammen mit den regulären Rotröcken eingesetzt. Am 14. August marschieren sie am Rio Grande flussauf gegen Nanny Town los. Wieder geschieht Rätselhaftes. Die Träger lassen in panischer Angst alles fallen und liegen und geben Fersengeld. Die Rotröcke hören bedrohliche Vogelschreie. Urplözlich verschwindet ein Vordermann mit einem grauenvollen Schrei in der Erde! »Eine Formation Büsche rückt im Laufschritt heran ... Eine Bananenstaude sticht zwei Rotröcke nieder ... Schlagartig scheint der ganze Regenwald bewaffnet«. Wie aus dem Nichts tauchen immer mehr Maroons aus dem Regenwald auf, und »aus dem Fluss« tönen dumpfe Trommelwirbel, bis die Rotröcke in heller Panik das Weite suchen. Die mitmarschierenden Matrosen sehen vor sich Tonnen und Kisten voller Pulver, Kugeln, Arzneimittel, Verpflegung und Rum und schlagen sie mit ihren Gewehrkolben auf, werfen die medizinischen Geräte und Medikamente, deren Sinn sie nicht verstehen, weg und machen sich zuerst einmal über den Rum her. Keine Kehle bleibt trocken, keine Flasche wird verschont. Das Ende vom Lied: Die Maroons erbeuten eine Menge Waffen, Munition, Arzneien und Feldausrüstung. Bis heute wird von »Nannys Matrosenschlacht« erzählt, aber es fällt auf: Mit keinem Wort wird berichtet, dass Nannys Maroons einen einzigen der betrunkenen Matrosen getötet hätten. Nanny geht es nicht darum, zu töten, sondern mit facettenreicher Kriegslist ihren Maroons das Überleben zu ermöglichen. In den abergläubischen Seefahrern findet sie besonders leicht zu beeindruckende »Mitspieler«.

In Port Antonio macht man sich darauf gefasst, dass die siegreichen Maroons den Hafen plündern, doch nichts dergleichen geschieht. Den Kolonialherren an der Küste wird jetzt gemeldet: Nannys Maroons pflanzen Kürbis an – einen Wunderkürbis! Noch immer trägt einer der Berge im Dschungel bei Port Antonio den Namen »Kürbisberg«. Um Nannys Wunderkürbis ranken sich aufschlussreiche Legenden: Yankypon, heißt es, der Große Gott der Afrikaner, sandte Nanny einen Traum, in dem er ihr befahl, alle Kürbiskerne anzupflanzen, die sie in ihrer Tasche fand. »Diese Kürbiskerne schlugen wunderbarerweise schneller aus als man es je erlebt hat, nahezu über Nacht, entwickelten starke Triebe und trugen so viele schwere Kürbisse, dass die Maroons davon leben konnten«, erklärt die Maroon-Nachfahrin Bev Carey. Nannys Wunderkürbis wird zu einem Überlebensmittel. Erst vor kurzem haben britische Forscher eine Kürbisart entdeckt, die tatsächlich innerhalb eines Tages erstaunlich an Gewicht zulegt.

Nach der »Matrosenschlacht« verbreitet sich Nannys Ruf und Ruhm in den Antillen. Wie bei herausragenden Gestalten üblich, wird dabei auch ihre Herkunft wunderbar ausgeschmückt. Eine Königstochter aus der alten Heimat, der Elfenbeinküste, soll sie sein. Freiwillig ist sie nach Jamaika gekommen – um ihr Volk zu befreien! Yankypon, der Schöpfergott, den die Maroons aus Afrika mitgebracht haben, steht an ihrer Seite und macht Nanny kugelfest! Mit kräftigem Schwung ihrer breiten Hüften – aller Überlieferung nach dürfte Nanny nicht gerade schwächlich und schmächtig gewesen sein – kann sie die heranfliegenden Kugeln aus den englischen Flinten auffangen und auf die Angreifer zurücklenken: Eine karibische Göttin wird geboren oder aber, wie es die Engländer sehen, »die Dämonin der Karibik«. So sehr wird sie vergöttlicht oder dämonisiert, dass manche bezweifeln, dass Nanny wirklich gelebt hat oder wirklich gestorben und auf der Insel begraben ist – aber auch das gehört zu Götter- und Heldensagen.

Unzweifelhaft bezeugt sind »unerklärliche Geräusche in der Nacht, Gegenstände, die plötzlich auf rätselhafte Weise verschwanden, gespensterhafte Erscheinungen, Ereignisse, die jeglicher bisherigen Erfahrung der Engländer Hohn sprechen«: Erschreckendes Getöse von niederstürzenden Bergflanken – ohne ersichtlichen Grund; Bäche, aus denen Schlagzeug dröhnt; Trommelwirbel aus dem Wasser des Rio Grande... Sinnestäuschung? Magie, Zauberei, Gespenster? Der Glaube, dass übernatürliche Kräfte im Spiel sind, versetzt die englischen Soldaten und vor allem ihre Lastenträger in kopflose Angst. Diese paranormalen Vorfälle werden von den Soldaten am meisten gefürchtet, denn sie widersprechen aller Logik. Die schwarzen Lastenträger versuchen gar nicht erst zu verstehen, was vor sich geht, und geben Fersengeld. Welche Kräfte sich auch manifestieren – Nannys psychologische Kriegsführung hilft, die Maroons vor der Ausrottung zu bewahren. Immer größere und besser ausgerüstete Straffeldzüge werden gegen sie geführt, und doch: Die Maroons zu unterwerfen, das gelingt den Engländern nicht. Ihre eigenen Verluste übersteigen die der Maroons bei weitem.

Wieder gelten härtere Gesetze als Heilmittel. Stärkere Bewachung der Sklaven; verschärfte Meldepflichten – und: »Absolut dürfen keine handwerklichen Fähigkeiten, das ist Zimmermannsarbeit, Kupferschmiederei oder andere seegängige Fähigkeiten, den Schwarzen beigebracht werden«, was allerdings auch das Einkommen der Sklavenhalter mindert. Dass die Maroons überleben, ist den Kolonialherren unerträglich. Der Jamaika-Handel entwickelt sich rückläufig. Mehr Soldaten werden nach Jamaika verschifft, mehr Sklaven aus Afrika auf die Insel verschleppt. Schließlich halten wenige tausend Weiße mehr als hunderttausend Sklaven, doch der Handel erholt sich nicht. Sogar die weißen Sklavenhalter nehmen die ständigen Einquartierungen von Truppen auf ihren Plantagen nicht länger klaglos hin: Ein weißer Farmer gibt zu Protokoll, »die Rebellen hätten ihn nie behelligt und er wolle ihre Verfolgung durch bewaffnete Truppen nicht unterstützen.« Es kommt teuer, immer mehr Soldaten zu bezahlen und zu verpflegen. Die Engländer – ganz Realisten – werfen jetzt das Ruder herum. Sie wollen mit den Maroons verhandeln! Nur: Wie sie erreichen, wie und wo verhandeln?

Da läuft den Unterhändlern wie zufällig ein Abeng-Bläser über den Weg. Er muss ihnen im Urwald vorausgehen und mit seinem Horn Kontakt mit Nannys Maroons aufnehmen. Immer wieder bläst er ein Signal – drei scharfe Töne auf dem Abeng. Dann Stille … unheimliche Stille … endlich eine Antwort aus dem grünen Meer! Ohne dass ein Maroon zu sehen ist, kommt aus dem Dschungel die Botschaft, die der Abeng-Bläser verdolmetscht: Die Unterhändler können passieren. Die Maroons lachen sich insgeheim ins Fäustchen, denn was kein Unterhändler weiß: Der Abeng-Bläser ist nicht zufällig den Engländern über den Weg gelaufen. Nanny hat diese Begegnung inszeniert.

Die Unterhändler bieten an: Die Maroons werden »für immer frei« und haben das Recht auf Eigentum an selbstverwalteten Orten. Sogar eigene Gerichtsbarkeit wird ihnen zugestanden, ausgenommen bei Kapitalverbrechen. Die Maroons erhalten auch ein eigenes Oberhaupt, respektiert von den Kolonialherren, mit dem Titel »Colonel«. Damit versucht die Kolonialmacht, die Flüchtigen einzukreisen und festzulegen auf bestimmte Orte, wo sie unter Aufsicht gehalten werden können.

Im Mai 1740 wird der Vertrag vom Gouverneur unterzeichnet. Zwar wird den Maroons versprochen, sie könnten »für immer frei« ihr eigenes Land bestellen, aber Nanny misstraut den Kolonialherren – nicht grundlos: Nanny erhält zwar einen Landstrich von rund fünfhundert Morgen, doch von diesen 500 Morgen werden 300 auch einer englischen Plantagenbesitzerin, Barbara Stevenson, zugeteilt, und 200 Morgen einem englischen Plantagenbesitzer, Charles Knight – Namen, die noch heute jeder Maroon kennt. Aber falls auf dem Land, das Nanny zugesprochen wird, die Maroons bestenfalls geduldet werden sollten – auf sozusagen schwankendem Grund, der ihnen mit irgendwelchen juristischen Tricks wieder hätte entzogen werden können –, dann geht diese Rechnung der Gesetzesverfertiger nicht auf: Die Maroons gründen Familien, bebauen die Felder, roden und gewinnen Land dazu. Der Ort, der auf Nannys Grund und Boden entsteht und wächst, wird der Hauptort der Maroons auf Jamaika: »Moore Town«.

Solange Nanny lebt, zieht sie unentwegt von einer Maroon-Siedlung zur andern, eine mütterliche Königin, warmherzig und humorvoll, aber auch mit der Fähigkeit zu heilen, ähnlich jenen merowingischen Königen, denen nachgesagt wurde, sie hätten die Kraft zu heilen, wenn sie Kranke mit den Händen berührten. Auf einer dieser Reisen ist Nanny um 1760 in einer Maroon-Siedlung am Fuß der Blauberge gestorben. Zuerst wird ihr Tod geheim gehalten. Dann werden mehrere Särge gezimmert. Diese Särge werden an verschiedenen Orten der Maroons in die Erde gesenkt. Am stärksten halten die Maroons von Moore Town daran fest, Nanny sei unter ihnen im Bump Grave begraben, am Rio Grande im Herzen von Moore Town. Das sei ein afrikanischer Friedhof, angelegt wie ein altehrwürdiges Aschanti Hügelgrab. Dort steht auch ein Denkmal zu Ehren Nannys. Die Inschrift des Gedenksteins erinnert an »Nanny of the Maroons«:

Nanny von den Maroons / Nationalheldin von Jamaika / unbezwingbare Anführerin im Kampf um die Freiheit.

Kaum ist Nanny tot, gibt es wieder ein »Gesetz gegen Negerbesitz«. Es verbietet jedem »Neger«, von einem Weißen ein

Stück Land oder Vieh zu erwerben oder auch nur entgegenzunehmen. Die Maroons nehmen diesen als Gesetz getarnten Rechtsbruch nicht mehr hin und greifen lieber zu den Waffen, als sich wieder unterjochen zu lassen – und behaupten schließlich an ihren selbstverwalteten Orten die Freiheiten, die Nanny für sie gewonnen hat.

Nannys umsichtige Fürsorge ist auch in die Sprichwortweisheit der Jamaikaner eingegangen. Ein selbstsüchtiges Kind bekommt zu hören – und dabei wird auf den gemeinsamen Bau der Schutzhütten im Regenwald angespielt, die schnell errichtet werden mussten: »Vergiss nicht: Nanny hat das Schilfrohr nicht für dich allein gebündelt!«

Die Erinnerung an Nannys Freiheitswillen und ihren siegreichen Freiheitskampf lebt fort in der Musik Jamaikas, im Reggae – und so schließt sich der Kreis jamaikanischer Musik: Vom »Banana-Song« der versklavten Aschanti, den Harry Belafonte wiederbelebt, bis zur Reggae-Musik ihrer Nachkommen, die der Maroon Bob Marley weltberühmt gemacht hat; er mahnt seine Landsleute, für ihre Rechte zu kämpfen und nicht aufzugeben:

Get up, stand up / Stand up for your right /
Get up, stand up / Don't give up the fight!

Théroigne de Méricourt

Die Venus der Revolution

Amazone der Freiheit, Venus der Revolution, Pythia des Jahrhunderts, Muse der Demokratie, Märtyrerin der Revolution: das alles sind Beinamen, die faszinierte Zeitgenossen Théroigne de Méricourt geben. Sie ist 1762 bei Lüttich geboren, kommt 1789 nach Frankreich und wird in der Vorstellungswelt der Pariser zum Mittelpunkt der bedeutendsten Ereignisse der Französischen Revolution. Der österreichische Kanzler Kaunitz lässt sie nach Kufstein entführen. Sie soll gezwungen werden, die Zielsetzungen der Revolutionäre preiszugeben. Die kluge »Venus der Revolution« betört einen Beamten und erreicht eine Audienz bei Kaiser Leopold II. – der sich danach für Freiheit, Gleichheit und Brüderlichkeit zu erwärmen beginnt. Sie kommt frei, kehrt nach Paris zurück und ist maßgeblich an den Geschehnissen des 10. August 1792 beteiligt, die »eine neue Epoche der Weltgeschichte« einleiten. Sie fordert in der Zeit der Schreckensherrschaft Robespierres Mäßigung und wird als »Verräterin« von Anhängerinnen des Fanatikers Robespierre nahezu totgepeitscht. Um sie vor der Guillotine zu bewahren, wird sie in eine Irrenanstalt gebracht, in der sie 1817 stirbt.

Der 14. Juli 1789 ist ein strahlender Sommertag. Paris flaniert auf den Straßen. Die Cafés sind überfüllt. Man sitzt im Freien. Die neuen Modetorheiten des Adels werden durchgehechelt: Turmhohe Frisuren, in die fingerfertige Coiffeusen Spielzeugfigürchen stecken – sie stellen hungernde Pariser dar, die eine Bäckerei stürmen. »Wenn sie kein Brot haben, warum essen die Leute nicht Kuchen?«, – fragt sich der Adel achselzuckend in Versailles! Das Allerneueste: Der dicke Ludwig – König Ludwig XVI. – hat den Finanzminister Necker entlassen, weil Necker endlich mit Misswirtschaft und Verschwendung am Hof aufräumen will: Dieser arrogante Adel! Hochnäsige Windköpfe! Kolibrigehirne! Es brodelt in der Hauptstadt. Revolution liegt in der Luft. Nur der zündende Funke fehlt. Über dem Stimmengewirr ist die Stimme eines jungen Mannes zu hören. Er ist auf seinen Stuhl gesprungen und ruft: »Freiheit! Gleichheit! Brüderlichkeit! Jeder stecke sich einen grünen Zweig an den Hut – die Grüne Kokarde! Das Zeichen der Hoffnung! Versailles schlemmt – Paris hungert! Friede den Hütten! Krieg den Palästen! Zu den Waffen! Zur Bastille!« Das ist der zündende Funke. Der junge Camille Desmoulins zieht mit den Parisern zur Bastille. Die königliche Zwingburg wird gestürmt, allen voran – heißt es später – eine schöne Lütticherin. Die Große Revolution hat begonnen.

Nach der Sommerpause ziehen die hungernden Pariser Frauen mit ihren Kindern nach Versailles. Dort residiert der König, dort tagt die Nationalversammlung, dort diskutiert jene hinreißend schöne Lütticherin mit Mirabeau, dem Volksfreund, und Abbé Sieyès, der die Deklaration der Menschenrechte verfasst hat. »Die schöne Lütticherin« ist auch dabei, als das Volk den König und die Königin aus dem abgeschiedenen Versailles in die Hauptstadt nach Paris zurückholt und in ihr Stadtschloss, die Tuilerien, geleitet. Théroigne, hoch zu Ross, mit wippenden Federn am Hut, prägt sich dem Gedächtnis der Pariser ein. Die Phantasie des Volks bemächtigt sich der »schönen Lütticherin« und macht die »Venus der Revolution« zur »Amazone der Freiheit« – und wie klug sie ist und beredt! Sagt nicht Camille Desmoulins selbst, sie sei eine Salomonin unter den Salomonen der Revolution, eine Weise unter den Weisen, und sogar »die Pythia des Jahrhunderts«? Sie wird der Kristallisationskern in der Vorstellungswelt des Volks, nicht mehr wegzudenken von den entscheidenden Ereignissen der Revolution.

Ihr Ruf dringt auch nach Wien, wo man um das Schicksal der Habsburgerin Marie Antoinette bangt; die Königin von Frankreich ist eine Tochter Maria Theresias. Kanzler Kaunitz beschließt, Théroigne entführen zu lassen. Die Gelegenheit ist günstig. »Die schöne Lütticherin« ist in ihre Heimat Brabant gereist, und zwei heruntergekommene französische Aristokraten wollen sich den Judaslohn verdienen und Théroigne nach Österreich schaffen.

Es ist zwei Uhr in einer dunklen Winternacht 1791. In einem Weiler bei Lüttich hält ein Kutscher seine dampfenden Pferde an. Ein Marquis und ein Graf sitzen in der Karosse und studieren im Schein einer Kerze eine Faustskizze: Dort drüben, das ist das gesuchte Haus: La Boverie. Mit einer Sturmlaterne dringen sie ein, zwingen einen Hausbewohner, sie ans Bett von Théroigne de Méricourt zu führen, reißen sie aus dem Schlaf und lügen ihr lautstark von Verfolgern vor, vor denen sie als gute Patriotin in Sicherheit zu bringen ist! Dann wird die Wohnung durchwühlt, alles, was auf die Revolution Bezug haben könnte – Papiere, Bücher, Souvenirs – wird zusammengerafft und mit der verstörten jungen Frau in die Karosse geschafft. Die Vorhänge werden zugezogen, die Pferde ziehen an, die Fahrt in die Nacht beginnt, ohne dass Théroigne erfährt, wohin die Reise geht. Unterwegs horchen die beiden

Entführer ihre Gefangene aus und schreiben einen Bericht, den sie als Théroignes Aussagen und Geständnisse ausgeben. Anfang Mai 1791 holpert die Karosse in den Hof der Festung Kufstein. Die bestürzte, erregt protestierende Gefangene wird in eine enge, feuchte Zelle gesperrt.

Am Wiener Hof glaubt man, einen großen Fang getan und Marie Antoinettes Erzfeindin dingfest gemacht zu haben. Fürst Kaunitz zieht den Hofrat von Blanc ins Vertrauen. Er soll incognito nach Kufstein reisen und unter größter Geheimhaltung die Gefangene verhören. Ziel der Verhöre muss es sein, die Festnahme völlig gerechtfertigt erscheinen zu lassen. Kaunitz schärft dem Hofrat ein: Er muss möglichst viel über die Motive und Pläne der Revolutionäre in Paris aus ihr herausbekommen. Blanc, ein Beamter Anfang Vierzig, reist in seiner geheimen Mission nach Kufstein, ermahnt die Gefangene, die Wahrheit zu bekennen, wodurch allein sie Gnade bei Seiner Majestät dem Kaiser und König erhoffen dürfe, und macht sich daran, den Bericht der beiden Entführer über ihre Gespräche mit Théroigne zu studieren und auszuwerten. Dann beginnt er sein erstes Verhör zu Person und Sache:

»Wie heißen Sie?«

»Anne Josèphe Théroigne.«

»Wo sind Sie geboren?«

»In Marcourt, einem Dorf in der Provinz Luxemburg«.

»Wie alt sind Sie?«

»Ich bin achtundzwanzig Jahre alt.«

»Was ist der Grund Ihrer Festnahme?«

»Ich weiß es nicht.«

Darauf muss ihm Théroigne ihr Leben schildern. Sie ist die Tochter eines begüterten Bauern. Nach dem Tod ihrer Mutter wird sie als Kind von einer Tante in Lüttich aufgenommen, die sie in eine Klosterschule schickt. Als Begleiterin einer Lady kommt sie nach England, wo sie Gesang studiert. Ein reicher

Engländer verliebt sich in sie und überschüttet sie mit Geschenken. Sie spart ein kleines Vermögen zusammen, das ihr nicht nur ermöglicht, einen Gesangslehrer zu engagieren, sondern auch ihre beiden Brüder zu unterstützen. Nach Gesangsstudien in Italien bei einem bekannten Kastraten kommt sie nach Paris und nimmt teil an den Ereignissen der Revolution. In politischen Clubs ergreift sie das Wort, sie gründet selbst einen solchen politischen Club, in dem bürgerrechtliche Themen mit Frauen und Männern, Philosophen und Theologen und auch interessierten Reisenden aus dem Ausland öffentlich diskutiert werden.

Völlig anders stellt sich die Geschichte der Théroigne im Bericht der Entführer dar, die ihren Fang zu einer treibenden Kraft und hauptverantwortlichen Rädelsführerin der Revolution hochstilisieren wollen: Sie war beim Sturm auf die Bastille die Erste. Sie hat zusammen mit einem Metzgergesellen den Kommandanten der Bastille geköpft. Sie hat den König in Versailles mit unflätigen Drohungen angepöbelt. Sie ist in Männerkleidern in Garnisonen aufgetreten und hat in vierzehn Tagen dreißig Millionen Goldstücke in Paris verteilt, um Soldaten aufzuwiegeln ... und so fort.

Dem Hofrat fällt auf, dass etwas mit den Unterschriften eines der beiden Aristokraten und des Unteroffiziers, der bei der Entführung Handlangerdienste tat, nicht stimmt: Die Unterschriften scheinen ihm von einer Hand zu stammen, was den Hofrat eher geneigt macht, der Gefangenen zu glauben, die Punkt für Punkt die Anschuldigungen der Entführer – das was sie ihnen gesagt und gestanden haben soll – mit Würde, Offenheit und einer staunenswerten natürlichen Beredsamkeit zurückweist und entkräftet. Hat sie nun vom Sturm auf die Bastille an bei den wichtigsten Ereignissen der Französischen Revolution die ausschlaggebende Rolle gespielt, die ihr die Entführer zuschreiben? Hat sie – noch eine Anschuldigung der Entführer – tatsächlich versucht, in ihrer Heimat das Feuer der Revolution zu entfachen? Worauf kann sich die Anklage stützen? Der bedrängte Beamte entschließt sich, den federführenden Marquis in Kufstein mit der Gefangenen zu konfrontieren. Der wohlbezahlte Entführer reist an und betritt unvermittelt die Zelle der verblüfften Théroigne: »Théroigne sprang mit einem einzigen Satz auf, dann nahm ihr angespannter Körper eine drohende Haltung an. Eine zurückgehaltene Wut färbte ihre sonst blassen Wangen, die Flügel ihrer Nase bebten, und während einer Minute tödlichen Schweigens sah es aus, als würde sie nicht länger zögern, sich auf ihren Besucher zu stürzen. Dennoch tat sie nur eins. Sie durchbohrte ihn mit blitzenden Blicken, dann, mit einer verachtenden Geste, wandte sie sich abrupt ab.« Der Hofrat, der als Beobachter der Szene hinter dem Entführer eingetreten ist, betrachtet seine Gefangene mit Bewunderung. Auch ihm ist, wie Théroigne, dieser Marquis zutiefst zuwider.

Théroigne hält ihrerseits ihrem Entführer vor, er habe ihr die Freiheit versprochen, wenn sie sich ihm hingeben, und mit lebenslanger Kerkerhaft gedroht, wenn sie sich ihm verweigern würde. Beispielhaft für seine Roheit sei, wie er einen Kutscher aus nichtigstem Anlass bis aufs Blut gepeitscht habe. Dem hat der Entführer nichts entgegenzusetzen, jedenfalls nichts, was den Hofrat überzeugt. Er fordert, in die Enge getrieben, die Gefangene müsse gefoltert werden, um ein Geständnis zu erpressen.

Die Erregung der Gefangenen überzeugt den Hofrat von ihrer Unschuld, ihr schlechter Gesundheitszustand macht ihn besorgt. Heimlich lässt er auf eigene Kosten einen befreundeten Arzt nach Kufstein kommen, der Théroigne untersucht und rundheraus erklärt: »Es ist unsre Gewissenspflicht dafür zu sorgen, dass diese junge Frau von hier wegkommt. Sonst geht sie zugrunde.« Der Hofrat erbleicht. Der erfahrene Arzt erkennt, was der Beamte sich noch nicht eingesteht: Der Jurist hat sich in sein Opfer verliebt. Die Liebe macht den Beamten heldisch. Er, der die Aufgabe hat, die Festnahme der Entführten zu rechtfertigen, verteidigt jetzt die Gefangene vor Fürst Kaunitz und fragt, ob denn »ein kaiserlicher Gerichtsbeschluss einen Menschen ins Gefängnis werfen und darin festhalten kann lediglich wegen seiner persönlichen Meinungen«. Er schlägt die Freilassung der Gefangenen vor und bietet an: »Ich begleite aus freien Stücken jene junge Frau bis zu jedem Punkt ihrer Reise in die Freiheit.« Zum guten Schluss wirft der Hofrat sein ganzes Gewicht in die Waagschale: »In dem Falle, dass meine Vorschläge nicht angenommen werden, muss ich meine Einsicht und meine Urteilsfähigkeit bezweifeln ... in diesem Fall bitte ich Eure fürstlichen Gnaden, die Gefangene einem besseren Menschenkenner als mir anzuvertrauen«. Kaunitz bringt das Schreiben aus Kufstein umgehend zum Kaiser und teilt bald dem couragierten Hofrat mit: Die Gefangene soll unter der Aufsicht des Hofrats nach Wien verbracht werden.

Théroigne, der die Freiheit alles bedeutet, kann endlich ihre feuchte Zelle in der Festung Kufstein verlassen. In Wien wird ihr eine Villa zugewiesen. Sie hat alle Hände voll zu tun, sich Kleider, Hüte und Schuhe zu beschaffen; sie verfolgt einen kühnen Plan. Sie wendet sich an Fürst Kaunitz und bittet um eine Audienz beim Kaiser. Leopold II. empfängt sie; über den Verlauf der Audienz gibt es kein Protokoll. Doch es scheint, dass die schöne und kluge Théroigne nicht nur dem Kaiser den Kopf verdreht, sondern dass die beredte Anwältin der Revolution ihm sogar deren Ideale schmackhaft gemacht hat: Der Hof wird hellhörig, als der Kaiser bald nach der Begegnung mit Théroigne beginnt, sich für »Gleichheit«, »Freiheit« und »Brüderlichkeit« zu erwärmen! Der Kanzler erkennt, dass Théroigne auf der ganzen Linie gesiegt hat, und hat nichts Eiligeres zu tun, als die Venus der Revolution möglichst schnell dem Kaiser vom Hals und aus dem Land zu schaffen. Er selbst händigt ihr mit den nötigen Papieren 600 Gulden für die Reise nach Brüssel aus, wo sie sich bei dem Statthalter der österreichischen Niederlande zu melden habe. Zum Abschied küsst Fürst Kaunitz, wobei er mit seinen alten Händen Théroignes kleine Finger streichelt, der »Venus der Revolution« die Hand. Endlich ist sie frei.

Am 25. November 1791 sitzt Théroigne wieder in einer Kutsche. Diesmal kennt sie ihr Ziel: Brüssel. Während Kaunitz in Wien aufatmet, meldet sich Théroigne, wie befohlen, nach ihrer Ankunft in Brüssel bei dem österreichischen Statthalter. Die Polizei ist schon angewiesen, sie und alle, mit denen sie Kontakt hat, zu überwachen. Statt aber in ihr Heimatdorf zurückzufahren, reist sie nach Paris – und jetzt erst betritt sie die Bühne der Weltgeschichte.

Im glutheißen Sommer 1792 ist in Paris zum ersten Mal die Marseillaise zu hören. Noch ist die Hauptstadt in der Hand des Königs, der in den Tuilerien residiert, während schon österreichische und preußische Armeen in Frankreich einmarschieren, um sich mit den Truppen des Königs zu vereinen und an all denen zu rächen, die sich gegen ihre Obrigkeit aufgelehnt haben. Paris drohte – lässt ein deutscher General bereits proklamieren – »ein militärisches Gericht und die totale Zerstörung«, wenn sich die Franzosen nicht wieder der Königsmacht unterwerfen. Die Pariser versuchen zu verhindern, dass sich die königlichen Truppen mit dem einmarschierenden Feind gegen das Volk verbünden. Es kommt zu Scharmützeln in den Straßen von Paris. Barrikaden werden gebaut. Théroigne taucht bei den Auseinandersetzungen in den Straßen der Hauptstadt zu Pferd auf, »in scharlachrotem Amazonenkleid« oder auch in blauem oder weißem: sie besitzt drei dieser enggeschnürten Amazonen-Kostüme: Haute Couture der Revolutionszeit.

Am 10. August 1792 entscheidet sich der Kampf zwischen König und Volk. Schon am frühen Morgen erscheint die »Amazone der Freiheit«, schwingt sich auf eine Kanone, ruft die bedrohten Pariser auf, die Vereinigung der Truppen des Königs mit den heranmarschierenden feindlichen Armeen nicht zuzulassen, und feuert mit gezogenem Säbel die Pariser zum Sturm auf die Tuilerien an. Ein Augenzeuge, ein General, erinnert sich noch in hohem Alter mit deutlichen Details an »eine Frau mit einem schwarzen Filzhut und einer Feder von derselben Farbe. Sie trug ein blaues Reitkostüm, und in ihrem Gürtel staken zwei Pistolen und ein Dolch. Sie war dunkelhaarig, ungefähr zwanzig, sehr hübsch, und ihre Erregung machte sie noch schöner ... Ich bin so empfänglich für frauliche Reize wie die meisten Männer, aber ich habe niemals eine andere Frau getroffen, die in einer halben Stunde sich meiner Erinnerung so stark einzuprägen vermochte, dass tausend Jahre diesen Eindruck nicht abschwächen könnten.«

Am Abend des 10. August 1792 ist das alte Regime gestürzt, der König abgesetzt, die Republik geboren. Noch droht Paris »ein militärisches Gericht und die totale Zerstörung«, aber das Volksheer der Revolution hält bei Valmy den vereinigten Armeen der anrückenden Gegner stand, und Goethe – der die Kanonade von Valmy miterlebt – urteilt hellsichtig: »Von hier und heute geht eine neue Epoche der Weltgeschichte aus, und ihr könnt sagen, ihr seid dabei gewesen.«

Und Théroigne? Ihr Ende erschüttert. Die beredte Verfechterin der Rechte aller Unterdrückten kämpft auch gegen die Schreckensherrschaft des Fanatikers Robespierre an, mahnt besonnen zur Mäßigung und fordert Erbarmen, als »die Lava der Revolution« von der Guillotine zu strömen beginnt. Im Mai 1793 veröffentlicht sie ein Manifest, in dem sie die Einsetzung von Friedensrichterinnen für Paris vorschlägt: Sie erinnert daran, dass es einmal Römerinnen waren, die ihre Stadt vor der Zerstörung durch den maßlos wütenden Coriolan bewahrt haben. Mit dem Motto »Freundschaft und Brüderlichkeit« sollen jetzt wieder Frauen die Aufgabe übernehmen, »den Streit entzweiter männlicher Bürger zu schlichten und eine Versöhnung herbeizuführen«. Doch Handlangerinnen des Fanatikers Robespierre, mit deren Hilfe der Diktator seine Herrschaft des Schreckens aufrechterhält, überfallen Théroigne, verleumden sie als weichherzige Feindin der Revolution, schlagen ihr mit Steinen auf den Kopf und peitschen sie unter gellenden Schreien nahezu zu Tode – im letzten Augenblick kann ein Abgeordneter sie den Händen der Furien entreißen. Um Théroigne vor der Guillotine zu retten, wird sie in einer Irrenanstalt versteckt. Dort wird die schwer verletzte junge Frau von einem der angesehensten Ärzte ihrer Zeit betreut. Auch nach dem Ende der Schreckensherrschaft Robespierres verbleibt Théroigne in der Anstalt Salpêtrière: Die Entführung und Festungshaft in Kufstein und die Attacke der Pariser Straßenweiber erfüllen Théroigne mit Angst vor ihrer Umwelt. Sie umgibt sie sich in ihrer Zelle mit Wasserkübeln, aus denen sie sich von Zeit zu Zeit besprengt. Sie will die Peitschenhiebe abwaschen, mit denen sie die Frauen des Volks – deren Los sie hatte bessern wollen – unter schrillem Gekeife bedeckt haben. So lebt sie noch fast fünfundzwanzig Jahre dahin. 1817 ist Théroigne de Méricourt in ihrer Zelle gestorben.

Helmina von Chézy

Die einsame Heldin

Helmina von Chézy ist 1783 in Berlin geboren. Die Enkelin von Anna Louisa Karsch, der Karschin, der ersten deutschen Dichterin, die von ihrer Feder lebt, wird selbst Dichterin. Ihr Liebeslied ›Ach, wie ist's möglich dann ...‹ ist zum Volkslied geworden. 1805 heiratet sie den Sanskritforscher Leonard de Chézy, trennt sich von ihm nach fünfjähriger Ehe und erzieht selbst ihre beiden Söhne. Mit Adelbert von Chamisso, Jean Paul und Fürst Pückler ist sie befreundet. Für Carl Maria von Weber schreibt sie das Buch zur Oper ›Euryanthe‹, Franz Schubert komponiert Bühnenmusik zu ihrem Schauspiel ›Rosamunde‹. Nach der Schlacht von Waterloo prangert sie Korruption in preußischen Lazaretten an: Schwerverwundete verbluten, weil Lazarettbeamte chirurgische Instrumente verhökern; Invaliden werden in ein Arbeitslager deportiert, in dem sie verelenden. Wegen »Verunglimpfung von Amtspersonen« droht ihr in einem »Zuchtgerichtsverfahren« mehrjährige Haft, vor der sie E. T. A. Hoffmann – der Dichter ist auch Kammergerichtsrat – bewahrt. 1856 stirbt Helmina von Chézy im Schweizer Exil.

Im Oktober 1811 herrscht Premierenfieber am Hoftheater in Aschaffenburg am Main. In der Sommerresidenz der Mainzer Kurfürsten soll das Singspiel ›Emma und Eginhard‹ uraufgeführt werden. Der Fürstprimas Karl von Dalberg hat die junge Dichterin Helmina von Chézy zur Einweihung seines neuen Theaters um ein Stück gebeten. Sie ist die Enkelin der berühmtesten deutschen Dichterin ihrer Zeit, der Karschin. Helmina kommt aus Berlin. Sie sieht sich das Theater an und findet es »sehr stattlich«. Das Ensemble ist spielerfahren, das Orchester kann sich hören lassen. Helmina wählt für Aschaffenburg als Stoff eine Sage, die in den Tälern von Odenwald und Spessart fortlebt: Die Liebesgeschichte von Emma, der schönen Tochter Kaiser Karls des Großen, und dem jungen Mönch Eginhard (Einhard). Er verliebt sich in die Kaisertochter, und sie sich in ihn, so dass sich in der Kaiserpfalz am Main Folgendes im wahren Sinn des Worts zu-trägt:

Eginhard bestürmt seine Geliebte, dass sie ihn in der Nacht in ihre Kemenate einlasse. Sie verspricht es, und der Mönch und die Kaisertochter verbringen eine heiße Liebesnacht zusammen. Als Eginhard im Morgengrauen Abschied nimmt und Emma zum letzten Mal umarmt – sehen die beiden fußhohen Schnee, der in der Nacht gefallen ist. Unweigerlich würde der eifersüchtige kaiserliche Vater an den Fußspuren im Schnee erkennen, dass sich Emmas Liebhaber aus der Kammer seiner schönen Tochter geschlichen hat. Emma trägt nun auf ihrem Rücken den Geliebten durch den Schnee. Doch die Liebenden haben nicht mit all den Sorgen gerechnet, die den Kaiser bis in den Schlaf verfolgen. Unruhig geht Karl in der Nacht in seinem Zimmer auf und ab – und sieht seine Tochter mit dem Mönch auf ihrem Rücken im schneebedeckten Hof der Kaiserpfalz: Der Kaiser »wütet«, doch endlich legt Karl die Hände der beiden Liebenden ineinander. Emma und Eginhard begründen das Geschlecht der Grafen von Erbach im Odenwald.

Bei der Premiere ist das Haus »zum Ersticken voll«. Der

Fürstprimas sitzt neben der Dichterin, um sie »aufzumuntern« – sie hat Premierenangst. Der Vorhang fällt, Beifall brandet auf. Helmina eilt zur Bühne und dankt lächelnd, mit Verbeugungen, erleichtert, für den Applaus. Sie ahnt nicht, dass ihr Liebeslied bald zum Volkslied wird:

Ach, wie ist's möglich dann, / Dass ich dich lassen kann!
Hab dich von Herzen lieb, / Das glaube mir!
Du hast das Herze mein / Ganz mir genommen ein,
Dass ich kein' Andre lieb, / Als dich allein!

Wenige Wochen später wird das Stück an einer Residenz im Odenwald nachgespielt. Helmina erzählt:»Im Spätherbst ließ mich Fürst Leiningen nach Amorbach einladen, weil mein Schauspiel ›Emma und Eginhard‹ mit der reizenden Musik von Hettersdorf nun einstudiert sei. Wir reisten hin, bezogen eine kleine Wohnung im Hause des Hoheitschulzen.«

Im Haus des»Hoheitschulzen« wartet auf die elegante junge Dame der Hof- und Adelsgesellschaft: »Der erschütternde Anblick der unglücklichen Odenwälder«. Helmina beobachtet:»Junge Mütter, an der Hand ein oder zwei abgezehrte kleine Kinder, eins der ausgedorrten Brust, die frostbebenden Glieder spärlich mit Lumpen bedeckt, die eingefallenen Wangen von Tränen durchfurcht, die Lippen blau, standen in Scharen vor dem Hause und an der Tür des steuereinnehmenden Beamten und reichten angstvoll kleine Summen dar, die nicht ausreichten, um ihre Steuer zu zahlen, indes die Kinder vor Frost und Hunger winselten. Diese Steuern gehörten nach Darmstadt, unter dessen Hoheit das … Fürstentum Leiningen steht, dessen Herrschaft gleichfalls Steuer von seinem Lande bezieht.«

Helmina versucht zu helfen, aber sie selbst ist alleinerziehende Mutter von zwei Jungen, Wilhelm und Max, und verfügt nur über begrenzte Mittel: Ihr Mann arbeitet als schlecht bezahlter Sanskrit-Forscher in Paris. Wir wissen dank Georg Büchners »Hessischem Landboten« mehr über die Zustände im Odenwald. Büchner, ein junger hessen-darmstädtischer Untertan, fragt nach, wieviel Steuer zusammengetrieben und wofür das abgepresste Geld verwendet wird. Ein übermäßig hoher Teil muss »für das großherzogliche Haus und den Hofstaat« bezahlt werden: »Der Fürst ist der Kopf des Blutigels, der über euch hinkriecht, die Minister sind seine Zähne und die Beamten sein Schwanz ... Ihre Anzahl ist Legion«. Büchner listet auf, wofür das eingetriebene Geld verwendet wird. Ausnehmend üppig ist das Stück vom Steuerkuchen für die Justiz und die Beamtenpensionen: »Dafür werden die Beamten aufs Polster gelegt ... wenn sie eifrige Handlanger bei der regelmäßig eingerichteten Schinderei gewesen, die man Ordnung und Gesetz heißt ... Die Justiz ist in Deutschland seit Jahrhunderten die Hure der deutschen Fürsten. Jeden Schritt zu ihr müsst ihr mit Silber pflastern ... aber klagt einmal über den Diebstahl, der von Staats wegen unter dem Namen von Abgabe und Steuern jeden Tag an eurem Eigentum begangen wird ... klagt, dass ihr die Ackergäule des Staates seid ... Wo sind die Gerichtshöfe, die eure Klage annehmen, wo die Richter, die Recht sprächen?«

Die erschütterte Helmina reist mit ihren Kindern am Rhein entlang nach Köln, vorbei am Steuerturm des hartherzigen Bischofs Hatto, der nach der Sage vom Mäuseturm hungernde Frauen und Kinder – die er mit Mäusen verglich – in einer Scheune einschließen und verbrennen ließ: Aber eine Mäuseschar verfolgte den Mörder bis zur Zinne seines düsteren Zollturms mitten im Rhein ... Dann die Pfalz bei Kaub, Burg Katz und Maus – Helmina betrachtet jetzt die Zwingburgen mit anderen Augen: »Die Burgschlösser wurden Raubschlösser. Nach ihrer Zerstörung zog der Wanderer im Tale friedlich seine Straße. Jeder Missbrauch wird vertilgt, sobald der Wehrlose zum Bewusstsein seiner eigenen Kraft gelangt und sie anwenden lernt.«

Am Vorabend der Entscheidungsschlacht von Waterloo ist sie in Köln. Am Morgen nach ihrer Ankunft besucht sie ein Militärhospital. Schwerverwundete aus den Feldzügen gegen Napoleon bitten die Dichterin, für sie Briefe und Gesuche an Behörden zu schreiben. Sie notiert diese Bitten. Zwei Feldärzte treten an sie heran, und einer nimmt ihr die Schreibtafel aus der Hand, löscht die Bitten der Verwundeten aus und lässt eine Schimpfkanonade vom Stapel: »... da sieh einmal, Hemden, Binden, gedämpftes Obst, kühlende Getränke, ei, da soll doch der Teufel drein schlagen, was fällt den unverschämten Kerlen ein, das alles zu verlangen?« Helmina sammelt zumindest »wollene Leibbinden, gebackene Kirschen und getrocknete Lindenblüten« und reist mit einem Erlaubnisschein aus dem königlichen Kabinett weiter an die Front. Als sie in Namur ankommt, ist eben die Schlacht von Waterloo geschlagen. »Die Verwundeten waren vom Schlachtfelde dorthin gebracht worden ... bleich und eingefallen wie Leichname, die sich noch ein wenig regen können; sie sprachen nur mit Mühe einige Worte und konnten beinahe nichts genießen ... Alles, was für sie bezogen wurde, war von schlechter Qualität. Ich beklagte mich darüber beim Geheimrat Brennicke, den Gott in seinem Zorn zu diesen Unglücklichen hinbeschieden hatte ... es war unmöglich, bei diesem Unmenschen etwas auszurichten.«

Helmina erlebt mit, wie den Verwundeten »Rebellion« vorgeworfen wird, die geahndet werden soll, weil sie das gelieferte Brot nicht essen wollen: Sie drückt den Finger auf einen Brotlaib – Wasser dringt heraus. Auf ihre Fürsprache entscheidet ein Major: »Heut soll euch die Strafe geschenkt sein, die euch eigentlich zukäme, weil ihr Rebellion gemacht habt.« Kaum ist den Verwundeten und Todkranken, die auf solche »Rebellion« stehende Strafe wegen ihrer Fürsprache erlassen, da heftet »der erste Inspector einen wütenden Blick« auf sie und murmelt eine Drohung, die sie zunächst nicht versteht. Sie beobachtet weiter: »Bei den Schwerkranken floss an den Betten ein handbreiter gelber Bach vom Eiter ihrer Wunden durch den ganzen Saal; schlechte grobe, starre Verbandstücke ließen die verderbte Masse ungestört durchsickern ... die Kranken wurden durch Drohungen zum Schweigen gebracht.«

Helmina hört, dass Verwundete sterben, angeblich weil es an Verbandszeug und Instrumenten für Operationen fehlt, und setzt einen Gang in die Vorratskammern durch: »Man führte uns in die Vorratskammern für die chirurgischen Instrumente und die Wäsche ... Da lagen die herrlichsten Binden handbreit.« Auf die Frage: »Warum werden diese Sachen nicht für die Kranken benutzt?« entgegnet ein preußischer Verwaltungsbeamter des Lazaretts Namur »mit wichtiger Miene«: »Diese schönen Vorräte müssen aufgespart werden; was hätten wir denn vorzuweisen, wenn Untersuchung kommt?«

Helmina hat einen Verdacht, der sich erhärtet: Zwischen den Untersuchungsbehörden und den Untersuchten gibt es Absprachen. Die Prüfungskommissionen werden insgeheim vorangemeldet, »sodass alles auf ihre Ankunft vorbereitet wurde ... die Verwundeten bekamen weiche ... Verbandstücke, minder grobe Hemden und Bettücher, die Säle wurden gehörig gereinigt und gelüftet u. s. w., und den Kranken wurde bei scharfer Ahndung befohlen, freundliche Gesichter zu zeigen und den Untersuchungskommissarien zu beteuern, dass ihnen nichts abgehe.«

Helmina erlebt mit, wie ein Verwundeter verblutet und stirbt. Ihr wird versichert, man könne in Ermangelung chirurgischer Instrumente nichts tun. Aber sie hat doch mit ihren eigenen Augen gesehen: »Die hohen Kisten in großer Anzahl, mit den feinsten Instrumenten aus England angefüllt, standen in den Vorratskammern so fest zugenagelt und verschlossen, wie sie über das Meer gekommen waren.« Auf die verblüffte Frage, warum »man diese Instrumente unbenutzt stehen ließe«, hört Helmina, wie ein Verwaltungsbeamter augenzwinkernd flüstert – er hält die Baronin wohl für eine, die »dazu gehört« : Der größere Teil dieser Sachen würden bei erster guter Gelegenheit verkauft; sie »werden zwar spottwohlfeil losgeschlagen, aber es kommt doch eine schöne runde Summe heraus. Die Charpie wird an die Papiermühlen verkauft«. Es gibt Lazarette, bei denen der leitende Beamte »20 Centner und mehr auf diese Weise zu Geld gemacht hat.«

Ein Blick hinter die Kulissen zeigt: Die nach außen sich ach so korrekt gewissenhaft gebärdenden preußischen Beamten gehen ohne Gewissen über Leichen: Auf Kosten der Verstümmelten werden die Binden, die Instrumente, die Verpflegungsrationen unterschlagen, verschoben, verhökert. Helmina ist entsetzt über die beamtete Bosheit und Raffgier. Sie versucht, eine Untersuchung wegen der Lazarettverwaltung in Gang zu bringen – »binde aber einmal jemand gegen die Behörden an! Der Parteigeist wird sie zusammenbringen wie einen Bund Pfeile. Ich erlangte ... nichts als einige nichtssagende Protokolle«, und die verschwinden in den Amtsstuben und kommen »nie wieder zum Vorschein«.

Eine Tochter des Generals Scharnhorst bittet Helmina, sich in Köln eines schwerverwundeten Gutsarbeiters der Scharnhorsts anzunehmen: Er heißt Martin Wilke, sein rechter Arm ist amputiert, Wilke kam in Arrest, zusammen mit dem Invaliden Joachim Tiede. Die Vorgeschichte ist abenteuerlich: Wenn ein Invalide entlassen wird, muss er entweder unterschreiben, dass er sich selbst ernähren kann – oder er kommt in ein Arbeitslager in der Jülicher Börde. Die Verhältnisse im Arbeitslager sind anscheinend derart unmenschlich, dass die Verstümmelten es vorziehen, zu erklären, sie könnten sich selbst ernähren, nur um der Deportation in das Lager zu entgehen. Auch Martin Wilke und sein Kamerad Joachim Tiede haben in Angst vor der Deportation ins Lager vorgegeben, sie könnten sich selbst ernähren. Wer das unterschreibt, wird mit einigen Talern nach Hause geschickt. Doch selbst auf die wenigen Taler Wegzehrung haben es Beamte abgesehen: Jeder Verwundete wird ausgeforscht: Ob er keinen Besuch bekommen, und ob ihm der Besuch – meist sind es Frauen von Frauenvereinen – nicht etwas Geld zugesteckt hat. Was die Verwundeten als Geschenk erhalten, wird »auf Heller und Pfennig« von der dürftigen Wegzehrung abgezogen. Wilke und Tiede wollen »mit der Sprache des Geschenkes nicht heraus« und werden »sogleich in Arrest geworfen«. Im Arrest entzündet sich wieder der Stumpf des Amputierten Wilke. Nach dem Arrest berichtet Tiede empört von den an ihm und dem Schwerverwundeten Wilke »verübten Elendigkeiten«.

Helmina hofft auf Gehör, wenn sie sich an einen Mann wendet, der die Soldaten von Frontbesichtigungen kennt und ein Herz für die zeigen sollte, die seine Siege erfochten haben. Sie schreibt vertraulich und persönlich »Köln, den 10. Januar 1816« an *Seine Exzellenz Grafen von Gneisenau:*

»Von den zu Gott schreienden Ungerechtigkeiten, welche hier gegen diese wackern Soldaten, jetzt, da sie invalide abgehen, begangen werden, ist in Köln keine Hilfe zu hoffen; ich rufe zu Ihnen, der sie in Tod und Sieg geführt«, und dokumentiert:

»a) Eine mir selbst dem Namen nach unbekannte Commission untersucht die zerschossenen« invaliden Soldaten. Nachdem sie in »halbe oder ganze Invaliden« selektiert sind, »befragt man sie, ob sie sich ernähren können. Bei der verneinenden Antwort wird ihnen gedroht, man wolle sie nach Jülich schicken« (in ein Arbeitslager zusammen mit Schwerverbrechern).

»b) Diesem Ungemach ziehen die meisten den Bettelstab vor. So gehen sie trostlos mit sechs oder drei Talern Reisegeld aus der Lazarettkasse dem gewissen Elende entgegen ... sie sind ausgeplündert und nur notdürftig bekleidet.« Helmina fügt eine lange Liste von Verwundeten bei, die nicht nur um Rente, sondern auch noch um ihre Wegzehrung geprellt wurden, schildert die an Wilke und Tiede »verübten Elendigkeiten«, und von Transporten Schwerverwundeter berichtet sie: »Alle diese Menschen sind siech, entkräftet und arm; viele haben Frau und Kinder. Die Transporte geschehen im nassen Wetter auf Karren, die nicht einmal mit Leinwand bedeckt sind, viele sind leicht bekleidet ... einige sind gestorben.« Helmina ergänzt: »Alle diese schaudererregenden Tatsachen können noch heute beglaubigt werden«, und fügt an: »Mir ist das Kriegsrecht unbekannt, aber die Rechte der Menschheit erkenne ich klar, und dies gibt mir den Mut, sie zu vertreten, da, wo Hilfe zu hoffen ist.«

Graf von Gneisenau würdigt Helmina keiner Antwort. Ihr hoffnungsvoller Brief wandert an Strafverfolgungsbehörden weiter. Jetzt wird zur Jagd geblasen – auf die zivilcouragierte Helmina von Chézy! Es wird ein Kesseltreiben. Eine »exzentrische Romantikerin« sei sie – auch ihr Werk bleibt fortan nicht von bissiger Kritik verschont –, sie verbreite Lügen und stifte Unruhe, klage rechtschaffene Männer an. Unweiblich sei es, wie sie zu Werk gehe! Dazu bemerkt sie trocken: »Schlimm genug, dass kein Mann aufgetreten ist, die Rechte der Menschheit zu verfechten«.

Noch immer wartet Helmina täglich auf einen Brief von Gneisenau. Statt dessen kommt ein Büttel des Kölner Zuchtpolizeigerichts mit einem Amtsschreiben, das sie auffordert, »am dritten Tag nach Empfang desselben vor dem Zuchtpolizeigerichte zu erscheinen«. Um die Zuchtpolizeigerichtsverfahren kennenzulernen, nimmt sie an einer Verhandlung teil.

Verhandelt wird ein Fall, der Ähnlichkeit mit ihrem eigenen hat. Ein alter rechtskundiger Rheinländer hat für Bauern ein Gesuch an den König aufgesetzt. Die Bauern beklagen sich über unmäßige Abgaben und bitten um Abhilfe. Dabei wagt der Schreiber des Gesuchs anzudeuten, dass es Beamte gebe, die sich selbst den Sack füllen würden. Obwohl es nicht rechtmäßig ist, ein Gesuch an den König als Anklagestück zu verwenden, wird der alte Mann wegen dieser einen Andeutung, die zu verbrecherischer Beamtenbeleidigung hochgebogen und hochgelogen wird, zu fünf Jahren Haft und zu einer Geldstrafe verurteilt, die ihn ruiniert.

Der Verurteilte warnt Helmina: »Personen wie Sie und ich müssen condemniert werden, um die Behaglichkeit ihrer Ankläger nicht zu stören. Auch Ihnen ist Gefängnis und Geldbuße zugedacht ... Bedenken Sie Ihre armen Kinder, Ihre Gesundheit, die Kerkerluft, die grobe Kost ... man wird suchen, Sie auf alle Weise aus dem Wege zu räumen; doch Sie ... haben noch keine sechs Monate Domicil in Köln, gehen Sie nach Berlin«. Sein Rat gründet sich auf eine der Verordnungen des Polizeistaats, dass nämlich, wenn ein Untertan an einem Ort noch nicht sechs Monate gemeldet war, der ursprüngliche Wohnort als Gerichtsort zuständigkeitshalber zu betrachten sei: *Sechs* Monate ist Helmina noch nicht in Köln gemeldet! Sie zögert zwar, den Gerichtsort zu wechseln, denn sie brennt darauf, für ihre gute Sache zu kämpfen, schreibt aber schließlich an den Präsidenten des Kölner Zuchtpolizeigerichts: Er habe nicht die Befugnis, sie vor sein Gericht zu ziehen, und fährt mit ihren Kindern an ihren »ursprünglichen Wohnort«.

Auf der Reise nach Berlin gerät sie in das Netz zahlloser Vorschriften der alles durchdringenden Obrigkeit: Helmina hat heftiges Fieber; auch ihren Kindern täte eine Unterbrechung und Aufenthalt bei einer befreundeten Familie gut. Nach achtundvierzig Stunden erhält sie ein Schreiben des preußischen Postmeisters »er müsse auf Gehorsam für das Gesetz bestehen, welches vorschriftsmäßig bestimme, dass kein Reisender mit Extrapost länger als zwei Tage in dem Ort bleiben dürfe, von welchem aus er weiter wolle.«

Auf dem Weg nach Berlin hat sie die Freude, die Stammburg ihres Vaters im Weserbergland zu sehen, wo sie als Verwandte begrüßt wird: »Schloss Hämelsche Burg prangt ernst und großartig auf einer bewaldeten Anhöhe, umschwebt von großen Erinnerungen. Hier wurde die Macht der Römer vernichtet, hier fielen Augustus' Legionen ... weil die rohe Gewalt der wahren Tapferkeit oft weichen muss.«

In Berlin wird die mit deutschem und französischem Adel verwandtschaftlich verbundene Helmina mit ihren Kindern von dem Justizminister von Kircheisen empfangen, doch frostig. Der Minister verliert sich in Phrasen: Dass die hergebrachten Verhältnisse nicht gestört werden dürfen; nur die Ordnung zählt; Ruhe sei die erste Bürgerpflicht! Dabei wird der Minister so laut, dass die beiden Kinder erschrecken und weinen. Was die angeprangerten Missstände anbetrifft, hört Helmina nur: »Wir können die einzelnen Fälle nicht berücksichtigen.« Rasch kommt der Schluss der Audienz: »Der Justizminister entließ mich, noch einmal beteuernd, dass mir volle Gerechtigkeit werden sollte. Ich gestehe, dass ich ihm nicht glaubte.«

Helmina überdenkt ihre Lage; sie hat Ruin, Gefängnis und Trennung von ihren Kindern vor Augen. Mit einer vorbestraften Mutter werden auch ihre Söhne später keine Chance in diesem Staat haben. All das, weil sie die Wahrheit gesagt und damit preußischen Beamten die Absätze von den Schuhen getreten hat. Falls überhaupt eine Untersuchung gegen eine Seilschaft der »Chirurgen, Inspektoren, Direktoren« in Gang kommt, dann verläuft sie im Sand, denn eine Krähe hackt der andern kein Auge aus. Sie sieht keinen greifbaren Erfolg, nur persönliches Leid und Verfolgung durch die Behörden. Hätte sie nicht – auch im Interesse ihrer Kinder – schweigen sollen? Wegsehen, wenn Schwerverwundete verbluten, weil sie nicht verbunden und operiert werden – obwohl sich Binden und Skalpelle in den Vorratslagern stapeln, weil sie von Beamten verhökert werden sollen. Weghören, wenn Schwerverwundeten das Fell über die Ohren gezogen wird? Wäre es ihre Pflicht gewesen, »Ruhe zu bewahren«? Wann hört die Pflicht zur Zivilcourage auf? Welche Grenze hätte sie nicht überschreiten sollen? Erst am Ende ihres Lebens findet sie für sich eine Antwort.

Dass sie in ihrer hoffnungslosen Lage von einer völlig unerwarteten Seite Hilfe findet, ist unvorhersehbar und glückszufällig: Ihr Vergehen »vorsätzlicher Verunglimpfung und Verleumdung der königlich preußischen Invalidenprüfungskommission« soll 1816 in Berlin von einem neuen Kammergerichtsrat, Hoffmann, abgeurteilt werden. Der Rat führt ein Doppelleben: Er ist Richter, Dichter und Komponist. Als Künstler nennt er sich E. T. A. Hoffmann – Ernst Theodor *Amadeus* – zu Ehren Mozarts. Er ist der Dichter, dessen Leben und phantastische Erzählungen später auch Handlung der Oper »Hoffmanns Erzählungen« von Jacques Offenbach werden. Hoffmanns Herz fliegt der schönen, mutigen Dichterin Helmina von Chézy entgegen. Doch im Justizministerium wird Helminas Brief an Gneisenau als schwerwiegende Straftat beurteilt, besonders die zwei Worte von den an Wilke und Tiede »verübten Elendigkeiten«.

Elend oder Tod der Verwundeten haben dabei keinerlei Gewicht. Es geht um die Verwendung des Worts »Elendigkeit« in Verbindung mit einer Amtsperson: Das gilt als vorsätzliche Verunglimpfung und Verleumdung, als Verbrechen. Der im Umgang mit der Rechtsprechung erfahrene Hoffmann rät Helmina zu der juristisch-spitzfindigen Verteidigung: Es handele sich um keine Straftat, denn »es sei nicht möglich, eine Tat, die man rügen wolle, mit andern Worten zu bezeichnen, als mit solchen, die den Begriff davon gäben, wie man sie empfunden.« Im Kammergericht verfasst Hoffmann ein Gutachten, das dem Justizminister vorgelegt wird. Es sagt klipp und klar: »Auf allen Punkten hat sich Frau von Chézy gerechtfertigt, eine Menge gültiger Zeugen aufgeführt, um ihre Anklagen an Graf von Gneisenau zu bewahrheiten. Es bleibt nichts übrig, als sie ehrenvoll freizusprechen«.

Der Justizminister verwirft das Gutachten, ohne einen Grund anzugeben: Was wohl stillschweigend das bedeuten soll, was Hoffmann später in seinen Abenteuern vom »Meister Floh« den inquisitorischen Polizeirat Knarrpanti aussprechen lässt: »Nur ein oberflächlicher leichtsinniger Richter sei, wenn auch selbst die Hauptanklage wegen Verstocktheit des Angeklagten nicht festzustellen, nicht imstande, dies und das hineinzuinquirieren, welches dem Angeklagten doch irgendeinen kleinen Makel anhänge und die Haft rechtfertige«. E. T. A. Hoffmann will nicht weiter einem Staat zu Willen sein, den er immer mehr kennenlernt als ein »ganzes Gewebe heilloser Willkür, frecher Nichtachtung aller Gesetze« (wie er einem Freund anvertraut). Er setzt seine eigene Zukunft und Sicherheit aufs Spiel und spricht »Wilhelmine Christiane verehelichte von Chézy, geborene von Klencke, von dem Vorwurfe, die Invalidenprüfungskommission zu Köln beleidigt zu haben, völlig frei«.

Es ist ein Urteil, das E. T. A. Hoffmann teuer zu stehen kommt. Er wird bespitzelt, seine Post abgefangen. Weil er in seiner Erzählung »Meister Floh« den anmaßenden »Polizeirat Knarrpanti« verspottet, wird er in ein zermürbendes Disziplinarverfahren verstrickt, das nur sein früher Tod beendet. Von der Blutschuld all der Beamten und Feldärzte, die Verwundete, Verstümmelte, Todkranke in den Lazaretten verkommen ließen, um sich an ihnen zu bereichern, umkommen ließen ohne chirurgische Hilfe – weil die teuren Instrumente aus England verhökert werden sollten –, davon wird mit keinem Wort mehr die Rede sein.

Angewidert von diesem verheuchelten »Tartuffe unter den Staaten«, verlässt Helmina von Chézy Preußen und schließlich Deutschland. In Wien erlebt sie 1823 die Uraufführung der ›Euryanthe‹, die der Komponist des ›Freischütz‹, Carl Maria von Weber, als »große heroisch-romantische Oper« gestaltet hat; es ist auch ihre Oper, sie hat das Buch geschrieben. Franz Schubert komponiert in Wien Bühnenmusik zu ihrem Schauspiel ›Rosamunde‹. Nachdem das Spitzel- und Polizeiwesen der Metternich-Zeit überhandgenommen hat, sucht sie Sicherheit in der Schweiz.

Im Exil blickt Helmina auf ihr Leben zurück. Ihre Zivilcourage hat ihr und ihren Kindern nur Leid und anderen keine Hilfe gebracht. Hätte sie anders handeln sollen? In ihren »Unvergessenen Denkwürdigkeiten« ringt sie sich kurz vor ihrem Tod zu einer Antwort für sich selbst durch: Sie hätte nicht anders handeln können, denn: »Wer sich in die Flamme stürzt, um Erstickende herauszuziehen, fragt nicht danach, ob er sich das Kleid verbrennt!« Sind wir vielleicht – es ist nur ein kleiner, ferner Trost – »wie die Herbstzeitlose, welche erst nach dem Winter Samen trägt«? 1856 ist Helmina von Chézy verarmt und erblindet in Genf gestorben.

Caroline Schulz

Die mutige Salonière

Briefwechsel
eines Staatsgefangenen
und
seiner Befreierin.
Von
Wilhelm Schulz.
Erster Band.
Mannheim.
Verlag von Friedrich Bassermann.
1846.

Briefwechsel
eines Staatsgefangenen
und
seiner Befreierin.
Von
Wilhelm Schulz.
Zweiter Band.
Mannheim.
Verlag von Friedrich Bassermann.
1846.

Caroline Sartorius ist 1801 in Darmstadt geboren. Acht-
zehnjährig verlobt sie sich mit dem Leutnant Wilhelm Schulz. Erst
neun Jahre später können sie heiraten. Wilhelm weist deutschen Fürs-
ten Misswirtschaft und Steuerverschwendung nach und wird von der
Geheimjustiz wegen »Verbrechens der Majestätsbeleidigung« verur-
teilt: Fünf Jahre strenge Haft in der Festung Babenhausen – aus der ihn
Caroline befreit. Caroline und Wilhelm finden Zuflucht in Zürich.
Dort wird die »hochgebildete und sehr intelligente« Caroline zur Salo-
nière. Sie nimmt sich des sterbenden Georg Büchner an, zieht Hoff-
mann von Fallersleben, Ferdinand Freiligrath und Gottfried Keller in
ihren Kreis; Georg Herwegh rühmt sie als die »seltenste der Frauen«.
Nach der Märzrevolution 1848 wird Wilhelm als Abgeordneter in die
Paulskirche gewählt. Es gelingt ihm, dem »Frevel der Geheimjustiz« in
Deutschland ein Ende zu machen. Caroline hat diesen Triumph nicht
mehr erlebt. Sie stirbt 1847, am Vorabend der Revolution, im Schwei-
zer Exil.

Halb Europa lacht Anfang 1835 über den Streich, den die junge Caroline Schulz der geheimen Strafjustiz in Deutschland spielt. Dieses Lachen ist – zumindest für einen flüchtigen Augenblick – so befreiend, wie der Hintergrund düster ist: Carolines Mann Wilhelm ist in einem Verfahren der Geheimjustiz zu fünf Jahren Haft verurteilt worden, nur weil er genug Zivilcourage hatte zu sagen, was andere nicht zu sagen wagten – doch greifen wir nicht vor:

Als blutjunger Leutnant hat der Darmstädter Wilhelm Schulz gegen Napoleon gekämpft. Nach Napoleons Sturz beklagt er die Rechtlosigkeit und das Elend in Deutschland, das immer mehr zunimmt. Er fragt: »Warum ist das so?«, und begnügt sich nicht mit den Schönfärbereien der Machthaber, sondern nimmt den Staatsapparat unter die Lupe und trägt Fakten und Zahlen zusammen. Er hört sich auch um beim so genannten »gemeinen Volk« und sucht nach Ursachen und Folgen der Verelendung. Allein schon dafür muss er einen hohen Preis bezahlen: Er wird aus der hoffärtigen Offizierskaste ausgeschlossen, weil er sich »mit Angehörigen der niederen Klassen« trifft! Aber er trifft sich auch mit demokratisch gesinnten Burschenschaftern, und dabei lernt er Caroline Sartorius kennen. Sie verloben sich am 1. Mai 1819. Sie ist achtzehn, er zweiundzwanzig.

Viel spricht dagegen, dass sich Caroline mit Wilhelm verlobt. Ihm bläst in einer Art Sippenhaft der Eishauch der Despotie ins Gesicht. Er stammt aus einer Juristenfamilie, aber sein Vater fiel (wie sein Großvater) in Ungnade und wurde amtsenthoben, als er sich für »Freiheit, Gleichheit und Brüderlichkeit« einsetzte. Der entlassene Offizier Wilhelm findet keine Anstellung, und so zieht sich die Verlobungszeit neun Jahre hin, bis er Anfang März 1828 Herausgeber eines Wochenblatts in einem Darmstädter Verlag wird. Ende März 1828 heiraten Wilhelm und Caroline.

Mit Zahlen und Fakten über die Zustände in Deutschland macht sich Wilhelm in der Zeit des Spitzelstaats des Fürsten Metternich (»Fürst Mitternacht«, spottet Heine) immer missliebiger. Er ist einer der ersten Statistiker überhaupt und promoviert mit einer Doktorarbeit über das Verhältnis von Politik und Statistik.

Wilhelm hat das Schwert mit der Feder vertauscht, denn: »Die Sache aller Kämpfer für die Freiheit ist ja dieselbe. Der eine verficht sie mit dem Schwerte in der Hand und stirbt für sie auf dem Schlachtfelde, der andere dient ihr mit dem Worte und duldet um ihretwillen Gefangenschaft und Verbannung.« Die Gefangenschaft lässt nicht auf sich warten. Als Vorwand dient der Justiz seine Schrift »Scherz und Ernst«, die 1833 in Offenbach erscheint. Zum »Ernst« gehört auch ein Aufsatz von acht Seiten: »Rechnung und Gegenrechnung«. Er weist nach, welche Einsparungen bei der Steuerverschwendung der Fürsten möglich seien: beim Hofstaat, bei dem aufgeblähten stehenden Heer und bei dem Heer zahlloser Beamter. Umgehend wird »Scherz und Ernst« verboten und ein geheimer Prozess vorbereitet. Aus Wilhelms Schriften wird das Verbrechen des Hochverrats herauskonstruiert. Er hat einmal vom Absolutismus als einer »Lotterie des Zufalls« gesprochen, bei der es unter den erblichen Fürsten auch »Nieten« gebe. Das ist die Wahrheit – aber sie *auszusprechen* ist natürlich »Majestätsbeleidigung« und »Hochverrat«. Wilhelm wird in Darmstadt eingekerkert. Die Anklage lautet auf »Verbrechen der Majestätsbeleidigung«. Er kommt vor ein geheimes Gericht. Verhandelt wird gegen ihn nur unter Ausschluss der Öffentlichkeit. Schikanen über Schikanen: Als sich Caroline bei einem Besuch einmal auf französisch mit ihrem Mann unterhält, wird ihr – seiner schwangeren Frau – verboten, ihn zu sehen; sie hat darauf ihr Kind verloren.

Im September 1833 war Wilhelm eingekerkert worden. Im

Juni 1834 wird das Urteil gefällt: Fünf Jahre strenge Festungshaft. Der Häftling legt Berufung ein. Ein »Spruchkolleg« der rechtswissenschaftlichen Fakultät der Universität Heidelberg erklärt, »dass da nichts zu strafen sei«. Aber weil es gar nicht um Recht oder Unrecht geht, sondern darum, einen Demokraten mundtot zu machen, wird Wilhelm Schulz von der zweiten Instanz ebenfalls wegen »entfernten Connates zum Hochverrate« verurteilt, wieder zu fünf Jahren strengem Festungsarrest und im August 1834 in die hessische Grenzfestung Babenhausen eingeliefert.

Caroline mietet sich bei einem Bauern in der Ortschaft Babenhausen ein. Sie hat sich geschworen, ihren Mann zu befreien. Aber wie? Vor ihr dräut die Festung – uneinnehmbar, fürchtet Caroline, die lange vor den abweisenden Mauern steht. Dort im obersten Geschoss der Kernanlage, hinter Wallmauern und Wassergraben, kann sie ihren Wilhelm – mit dem Gitter wie eine Eisenmaske vor dem Gesicht – mehr ahnen als sehen. Caroline ist eine »höhere Tochter«. Sie spricht etwas Französisch, spielt ein wenig Klavier, schreibt gelegentlich Verse – und jetzt steht sie vor der vielfach gesicherten Festung Babenhausen, aus der sie auf sich allein gestellt ihren Mann herausholen will: Es ist eine herkulische, nahezu unlösbare Aufgabe. Selbst wenn es gelingen würde, die dicken Eisenstäbe des Gitters vor Wilhelms Fenster zu zertrennen – der Gefangene muss auch noch über die innere Wallmauer steigen, den Festungsgraben durchschwimmen und den Außenwall überwinden. Dass Caroline alle diese Sicherungsanlagen kennt, und wie sie davon erfährt, ist ein erster Silberstreifen am Horizont: Aus Alaun bereitet sie eine unsichtbare Tinte zu und schreibt geheime Nachrichten zwischen die Zeilen harmloser Mitteilungen. Nachdem Caroline auch Wilhelm Alauntinte verschafft hat, entwickeln beide in ihren Kassibern eine Strategie der Befreiung.

Anfänglich verspricht sich die einfallsreiche Caroline viel von Chemie: »Könntest Du mich jetzt sehen, hinter meinen Retorten, Gläsern und sonstigen chemischen Apparaten ... Ich will nur untersuchen, auf welche verschiedene Weise sich harte Metalle schmelzen lassen; ob nicht Schwefel, Scheidewasser, Goldwasser und wie das Alles heißt, einen schärferen Zahn haben als den der Zeit«. Selbst wenn sie die Chemikalien zu Wilhelm schmuggeln, selbst wenn das Scheidewasser die Gitter durchnagen könnte, wie würde er aus der Zelle gelangen und Wälle und Wassergraben überwinden? Nein, das mit der Chemie ist eine Schnapsidee – wenn auch eine »Schnapsidee« Wilhelm retten wird.

Während Caroline laboriert und experimentiert, gibt der Gefangene den Anschein, als habe er sich in sein Los gefügt. Er verfasst Bittschriften um Anrechnung der Untersuchungshaft oder um Wiedergewährung der aberkannten Pension aus den Napoleonischen Kriegen. Der Festungskommandant glaubt den Häftling mit solchen Gesuchen völlig beschäftigt. Als ersten Lohn für Wilhelms Wohlverhalten erhält Caroline die Erlaubnis, ihrem Mann einen Koffer mit ein paar Habseligkeiten zukommen zu lassen. Sie schiebt zwischen Futter und Boden des Koffers eine Säge. Als Nächstes erreicht sie die Erlaubnis, dem Gefangenen für seine Bittschriften ein mehrbändiges Handbuch des Römischen Rechts zukommen zu lassen. Sie spaltet Bücherdeckel und verbirgt darin Sägeblätter und Feilen. Dass diese Wälzer – das Gesetzeswerk, aus dessen Schlingen die Justiz als »Hure der Fürsten« ein Netz gesponnen hat, in dem Wilhelm gefangen sitzt –, dass gerade diese dicken Wälzer jetzt zu seiner Befreiung dienen, beflügelt Caroline zu einem Gedicht: »»Römisch Recht«, in dicken Bänden steht es hier in langen Reihen, / Steht bestaubt seit vielen Jahren nutzlos da. Jetzt soll's befreien / Mir den Mann, dem sie versagen schnöd sein gutes Recht, das klare, / Ihm, der doch nur wollte rechten um das Recht, das ewig wahre. / Nicht der *Inhalt* wird dich retten jener Schriften alter Zeiten, / Durch die *Form*, die sie umkleidet, will ich Hilfe dir bereiten, / Ist das Wort ein schlechter Streiter in den preßbedrängten Tagen, / Nun, so sollen Bücher heuer einmal andre Waffen tragen. / Ja – die schweren Deckel spalt' ich – wie sie doch so leicht sich teilen – / Schieb hinein die schwanken Sägeklingen, schieb hinein die feinen Feilen, / Und die Öffnung schließ' ich wieder, füg' die Deckel fest zusammen – / Hast du erst den Schatz gehoben, gib die Bände dann den Flammen. / Altes Recht der alten Roma, mag es lodern – mag's vergehen, / Und als Phönix aus der Asche neu ein deutsches Recht erstehen! / Schwindet dann beim lichten Tage *heimlich* Recht mit seinen Schauern, / Werden freie Männer atmen nicht mehr zwischen Kerkermauern!«

Die praktische Dichterin erreicht, dass sie ihrem Mann auch eine Lampe zukommen lassen darf, und schließlich noch etwas Sitzfestes als Ersatz für den wackeligen Stuhl in der Zelle. Die Lampe ist eine »Wunderlampe« mit Ausbruchswerkzeug in ihrem Hohlfuß. Ausschlaggebend für die Befreiung wird der Bauch des Sitzmöbels. Caroline arbeitet 66 Ellen Gurt hinein. Wilhelm kann sich daran vom Gitterfenster abseilen und auch die Außenmauern überwinden. Er sägt in nächtelanger Arbeit das Fenstergitter so stark an, dass er in der Nacht der Flucht mit einigen Handgriffen die Eisenstäbe zertrennen kann.

Die Flucht ist auf die finstere Winternacht vom 30. zum 31. Dezember 1834 festgelegt. Am Abend letzter Kontrollgang der Wache und bange Momente: Der wachhabende Sergeant geht aufs Fenster zu und will am Gitter rütteln. Wilhelm sieht sich schon entdeckt, die unsägliche Mühe seiner Frau und seine eigene verloren und vertan, den Fluchtversuch vereitelt und verschärfte Haft vor sich – da hört er sich selber rufen: »Herr Sergeant, wollen Sie nicht ...«, und er bietet ihm Carolines Quittenlikör von Weihnachten an, den er sich für die Flucht aufgespart hat. Der Sergeant lässt die Hände am Gitter sinken, nimmt den Quittenlikör und stapft aus der Zelle. Wilhelm dankt »dem Branntweinteufel«, der ihn in letzter Sekunde gerettet hat, wartet, bis in der Festung alles ruhig ist, feilt die Gitterstäbe vollends durch und bindet das Seil fest, das er aus den Gurten im Sofa geflochten hat. Dann zwängt er sich durch die Gitteröffnung.

Caroline wartet in ihrem Zimmer auf das verabredete Zeichen. Wilhelm will an einer bestimmten Stelle vor der Festung mit einem Feuerstein Funken schlagen. Die Stunden verrinnen in wachsamer Angst: »O dass diese Nacht vorüber wäre! ... ich muss vor ihr stehen, untätig, machtlos – bin verdammt zum Warten! Wer jetzt eine Frage an das Schicksal richten könnte! ... Wenn das Entsetzliche geschähe – wenn Du ... zerschmettert niederstürztest? – Wie dann? – Ach, dann dürfte ich, wollte ich Deiner wert bleiben, nicht verzweifeln. Ich müsste in Deinem Geiste zu leben suchen ... mein Herz klopft laut – Gott steh' uns bei!«

Wilhelm seilt sich ab. Die schmalen Gurte, an denen er in die Tiefe gleitet, haben scharfe Ränder. Er hat erst ein Drittel geschafft, als er den Halt verliert. Er rutscht mit Händen, die zu bluten beginnen, immer schneller abwärts und fürchtet, mit zerschmetterten Gliedern unten anzukommen – der Gedanke durchzuckt ihn: »Jetzt ist's aus!« da spürt er festen Grund unter den Füßen. Vom Dach eines Schuppens im Innenhof steigt er über den zweiten Wall. Vor ihm liegt der breite Wassergraben, der die Festung umschließt. Ob das dünne Eis trägt? Er kann bei jedem Schritt einbrechen. Er darf nicht hinfallen, muss jeden Laut vermeiden; er rutscht über das Glatteis zur Außenmauer. Dann erklettert er diese letzte Hürde.

Caroline wartet bis vier Uhr früh in Todesangst »unbeweglich am Fenster, hoffend und harrend auf das verabredete Zeichen. Wie oft glaubte ich etwas zu hören in der lautlosen Stille, etwas zu sehen in der finsteren Nacht! ... Da hör' ich endlich Schritte in der Ferne ... ich sehe sie, die Funken! ... Du lebst, Du bist gerettet, bist frei!«

Caroline flieht getrennt von Wilhelm, um falsche Fährten zu legen. Er kommt für den Rest seiner ersten Nacht in Freiheit bei Bekannten von Caroline unter. Sie riskieren für ihn, den sie nur dem Namen nach kennen, Kopf und Kragen. In der Festung Babenhausen herrscht »viel Zeter«, als am Morgen entdeckt wird, dass sich das »Inventarstück« der geheimen Justiz »davongestohlen« hat. Der Kommandant – er soll »einige Ohnmachten gehabt haben« – fordert von den Bauern in Babenhausen frische Pferde für Suchtrupps. Alle finden Ausreden, keiner stellt ein Pferd. Die Verfolger entdecken dort, wo der Flüchtling über die letzte Wallmauer geklettert ist, einen Brief: »An Frau Caroline Schulz, dermalen in Aschaffenburg im Gasthaus zur Bretzel«. Der Brief trägt die Handschrift von Wilhelm. Er teilt seiner Frau mit, er begebe sich nach Frankfurt, um sich bei guten Freunden verborgen zu halten, ohne Entdeckung befürchten zu müssen. Caroline werde im Gasthof zum Weißen Schwan in Frankfurt erfahren, wo er zu finden sei. Offensichtlich – folgert die Polizei messerscharf – hat der »Entsprungene« diesen Brief beim Ausbruch verloren. Die Polizei weiß nicht: der Brief soll die Verfolger irreführen. Wilhelm hat ihn zusammen mit seinem Taschentuch absichtlich an der Wallmauer fallen lassen, so als ob er ihn beim Ausbruch verloren hätte – auch das ein guter Rat Carolines. Die Polizei schlägt blindwütend zu. Eine völlig unbeteiligte Geschäftsfrau wird in Frankfurt wegen »Verrats am Vaterlande« verhaftet. Sie fordert ihrerseits Schadenersatz wegen der »polizeilichen Hemmung ihrer commerziellen Laufbahn«. Die Behörden müssen zahlen, weil offenkundig wird, dass sich die »Nachtwächter in der Bundesnacht schon wieder vergriffen« haben.

Der verabredete Treffpunkt von Caroline und Wilhelm ist nicht Frankfurt, sondern Straßburg. Nach achtstündiger Fahrt erreicht Wilhelm den Rhein und kommt unentdeckt über den »deutschen Peinstrom« ins Elsass. Am Neujahrstag 1835 ist er in Straßburg. Am nächsten Tag trifft auch Caroline ein, und beide sind »auf freiem Boden« wieder vereint: Es ist »einer jener seltenen Augenblicke, die ein ganzes Leben durch nachglänzen.«

Die langen Jahre des Exils ... Caroline und Wilhelm finden 1836 Zuflucht in Zürich. Ihnen folgt Georg Büchner, mit dem sie sich in Straßburg angefreundet haben. Er ist Darmstädter und Flüchtling wie sie. In der Spiegelgasse 12 mietet er ein Zimmer neben ihrer Wohnung. Büchner ist erst dreiundzwanzig, hat schon in Straßburg seinen Doktor gemacht und sich als Anatom an der Universität Zürich habilitiert. Für Caroline und Wilhelm ist es eine Freude, ihn »am gleichen Flur« zu wissen. Georg Büchner erinnert Caroline an ihren verstorbenen Vater, vor allem seine hohe Stirn. (Alexis Muston, der Büchner in Darmstadt besucht und den auch Caroline dort getroffen hat, schreibt: »Goethe hatte keine so schöne Stirn«.) Büchner ist mit einem Verwandten Wilhelms befreundet, Friedrich Ludwig Weidig, der Büchners Flugschrift ›Der Hessische Landbote‹ herausgegeben hat. Caroline sieht in Büchner ein dreifaches Genie: Der dreiundzwanzigjährige Doktor und Dozent ist schon berühmt als Verfasser von ›Dantons Tod‹ (der genialste dramatische Erstling der Weltliteratur, wird es später heißen). Jetzt ist er dabei, sein Fach Anatomie umzukrempeln und vergleichende Morphologie zu lehren. Er führt seine Studenten weg von verstaubter Theorie (was sagt Aristoteles zum Blutkreislauf?) hin zur »Autopsie«, zur Anschauung mit eigenen Augen an frischsezierten Präparaten. Die Universität beabsichtigt schon, für ihn die erste Professur der vergleichenden Anatomie zu kreieren. Caroline erfährt Genaueres von Wilhelm, der Büchners Vorlesungen besucht (dass sie, eine Frau, selbst Vorlesungen hört, das wäre ›unerhört‹.) Wirklichkeitsnah ist Georg Büchner auch in seiner Flugschrift ›Der Hessische Landbote‹. Die Demokraten kämpfen in der Metternich-Zeit gegen den Obrigkeitsstaat für Presse-, Versammlungs- und Rede-Freiheit. Was aber hilft dem geschundenen hessischen Bauern (der sich keine Zeitung leisten kann) alle Pressefreiheit, wenn er mit seiner Familie hungert? Büchner zeigt den Gegensatz von arm und reich auf; dabei macht er die verrottete Politik mit statistischen Mitteln – wie es Wilhelm tut – anschaulich greifbar.

Aber Büchner ist nicht nur ein genialer Naturforscher, und er bringt nicht nur eine kopernikanische Wende in die deutsche Politik, er ist auch: »durch und durch ein Dichter«, er schüttelt »die goldenen Früchte nur hin«: nach ›Dantons Tod‹ die Novelle ›Lenz‹, dann ›Leonce und Lena‹ (wohl das schönste deutsche Lustspiel) und ›Woyzeck‹. Bei Caroline sitzt er auch an ›Aretino‹ – das Drama bleibt unvollendet; vielleicht bezieht sich darauf der Grabspruch Büchners, den Georg Herwegh, angeregt von Caroline, gedichtet hat:

Ein unvollendet Lied sinkt er ins Grab,
der Verse schönsten nimmt er mit hinab.

Büchner hat seine Gesundheit im Kampf gegen die Willkürherrschaft in seiner Heimat aufgerieben und arbeitet sich »lächelnd zu Tode«. Schon nach wenigen Monaten fiebert er, wird von fratzenhaften Albträumen verfolgt, schreckt in Panik aus dem Schlaf auf, fürchtet, er werde verhaftet, eingekerkert und in einem hessischen Kerkerloch zu Tode gequält, wie sein getreuer Freund und Mitstreiter Weidig, über den alarmierende Nachrichten nach Zürich dringen. Weidig ist »dank« der geheimen Justiz schutzlos einem gnadenlos brutalen Peiniger ausgeliefert, dem Hofrat Georgi. Auch Büchners Steckbrief ist ausgestellt und unterzeichnet von eben diesem »Hofgerichtsrat Georgi« ... Büchner klagt, ihm sei »fieberisch zumute«. Caroline hängt für ihn – womit sie die Farbtherapie vorausnimmt – »grüne Vorhänge« auf, umhegt ihn mit vielerlei Aufmerksamkeiten und widmet sich ganz seiner Pflege. Büchner deliriert in Fieberschauern. »Eine Phantasie, die oft wiederkehrte, war die, dass er wähnte, ausgeliefert zu werden«, notiert Caroline in ihrem Tagebuch. Ein »Faulfieber«, sagen die Ärzte, aber es sitzt tiefer. Trotz Carolines und Wilhelms aufopfernder Pflege stirbt Georg Büchner schon im Februar 1837. Die Tagebuchaufzeichnungen Carolines über seine letzte Tage gehören zu den genauesten, noch immer nicht ausgeloteten Augenzeugenberichten, die wir über das Genie Büchner besitzen.

Für Wilhelm ist es nicht der Zufall einer eventuellen Ansteckung oder eines Faulfiebers, was Büchners Tod verursacht hat: Büchner – schreibt Wilhelm in einem Nachruf – ist »an Deutschland« gestorben, die politische und soziale Misere in dem Kadavergehorsamsstaat ist schuld an seinem frühen Tod: »In ihm hätte Deutschland seinen Shakespeare bekommen ... Deutschland ... hat seinen Dichter nicht bloß nicht erkannt; dieses Deutschland ... hat ihn auch ums Leben gebracht.«

Wilhelm und Caroline wollen nach Büchners Tod nicht in der »Spiegelgasse 12« bleiben (das inzwischen weltberühmte Haus trägt heute eine Tafel mit der Inschrift: »Hier wohnte im Winter 1836/37 und starb dreiundzwanzigjährig der Dichter und Naturforscher Georg Büchner«). Sie ziehen in ein »efeu- und asklepiaumranktes« Haus an der Gemeindestraße im Zürcher Vorort Hottingen. Wilhelm und Caroline beginnen, Fakten über den erschütternden »Tod des Pfarrers Dr. Friedrich Ludwig Weidig« zusammenzutragen. Der Freund Büchners und Wilhelms Verwandter starb wenige Tage nach Büchners Tod im Darmstädter Kerker. Hofgerichtsrat Georgi ließ keinen Arzt zu, bis der an klaffenden Wunden Verblutende nicht mehr zu retten und, in Agonie gefallen, unfähig ist, noch etwas über seinen Peiniger auszusagen. Wilhelm und Caroline recherchieren, und allmählich konturiert sich einer der schandbarsten Justizskandale deutscher Obrigkeitswillkür:

Weidig war wegen seiner Mitwirkung am ›Hessischen Landboten‹ in einer Nacht- und Nebelaktion (fast gleichzeitig mit Büchners Flucht nach Straßburg im März 1835) verhaftet worden. Die Polizei kam nachts gegen vier, den Pferden waren die Hufe mit Lappen umwickelt worden, um kein Aufsehen zu erregen: Die Polizei fürchtete, die Bürger würden ihren beliebten Pfarrer verteidigen. Im Kerker lässt ihn sein Peiniger Georgi in Ketten legen, krummschließen und mit dem Farrenschwanz auspeitschen. So vegetiert er zwei Jahre lang dahin. Am Leichnam Weidigs findet man neben den Wunden zahlreiche Striemen und Blutergüsse und weitere Spuren von Prügeln und Folter.

Wilhelm nimmt den Fall auf, weitet den Kampf aus, will erzwingen, dass die fürchterliche deutsche Geheimjustiz abgeschafft wird. 1843 erscheint seine Anklageschrift in Zürich: »Der Tod des Pfarrers Dr. Friedrich Ludwig Weidig, ein aktenmäßiger und urkundlich belegter Beitrag zur Beurteilung des geheimen Strafprozesses und der politischen Zustände Deutschlands«. Sie schließt mit einem Appell: »Gerechtigkeit! ohne ferneren Rückhalt, ohne weitere Bemäntelung – oder der Fluch jedes ehrlichen Mannes über die Lüge eurer geheimen Justiz!«

Weil bedeutende Rechtsgelehrte Wilhelm in seinem Kampf zu Hilfe kommen, sieht sich die hessische Regierung zumindest genötigt abzuleugnen, dass Weidig im Arrest »unrechtmäßig behandelt« worden sei – doch weitere Einzelheiten seines entsetzlichen Martyriums in den Fängen der deutschen Geheimjustiz treten ans Licht: »Weidig verbrachte seine Haft in einem feuchten, muffigen und unheizbaren Kellerloch, in dem ein stinkender und nicht zu verschließender Abfallkübel stand. An den Abenden war er ohne Kerze und Lampe«. Der »wahnsinnige Trunkenbold« Georgi, ein stadtbekannter Säufer und Sadist, verbietet ihm, seine hochschwangere Frau zu sehen, auch nicht durch ein Fenster. Weidig darf nicht erfahren, dass er Vater geworden ist ... Nach Prüfung aller Todesumstände sprechen selbst vorsichtig urteilende, um Objektivität bemühte Fachleute von »Justizmord«, begangen mit »sadistischer Brutalität«. Doch Hofrat Konrad Georgi wird nach Weidigs Tod amtlich belobigt und vom Großherzog von Hessen-Darmstadt mit dem Ritterkreuz erster Klasse des Ludwigsordens dekoriert.

Nachdem die Schrift über Weidigs Tod erschienen ist, reisen Caroline und Wilhelm noch einmal ins Elsass, aufgewühlt von Erinnerungen an die Flucht vor acht Jahren. Caroline hat eine Vorliebe für das Land, das sie »so gastlich aufgenommen«, als sie 1835 dorthin flüchten mussten. Caroline findet von den deutschen Flüchtlingen, die sie im Elsass kannte, »viele jetzt beweibt und bekindert«. Weidigs und Büchners Tod und das Schicksal anderer Freunde in deutschen Gefängnissen verfolgen Caroline und Wilhelm bis in ihre Träume. Es wird ihnen zur Gewohnheit, sich täglich ihre Träume zu erzählen und Gedanken dazu auszutauschen. Ihre Traumgespräche werden bald von anderen Ehepaaren nachgeahmt, die – wie der Freiheitsdichter Freiligrath und seine Frau – sich auch in Hottingen einquartieren, das Caroline zum »Hauptquartier der deutschen politischen Flüchtlinge« macht. In Hottingen zieht sie weitere deutsche Leidensgefährten in ihren Kreis: Sie führt einen literarischen Salon, in dem neben den Freiligraths der Dichter des »Deutschlandlieds« Hoffmann von Fallersleben – als Demokrat in Preußen entlassen – und Georg Herwegh verkehren (sprich: Caroline füttert sie durch). Der vielgelesene Dichter Georg Herwegh (Heine nennt ihn eine »Lerche«) rühmt Caroline – und macht sie mit seinen Gedichten, die er ihr widmet, im ganzen deutschen Sprachgebiet berühmt – als »die seltenste der Frauen«. Auch »der Schweizer Goethe« Gottfried Keller wird zum Hausfreund, schließlich sogar zum Haushälter.

Nach zwölf Jahren im Exil ringt Caroline mit einer tödlichen Krankheit: starker Vergrößerung der Milz mit »Blutdiarrhoe«. Sie verschweigt ihre Schmerzen, plaudert heiter mit ihren Gästen; Gottfried Keller besucht sie täglich. Sie weiß, dass sie nicht auf Heilung hoffen kann, und kennt ihren Wilhelm zu gut, um nicht vorauszusehen, wie hilflos er nach ihrem Tod sein wird. Sie bittet Wilhelm, ihre beste Freundin, Kitty Bodmer, zu heiraten; er könne »doch nicht allein bleiben«.

Caroline erlebt noch die Veröffentlichung ihres Briefwechsels mit Wilhelm von der Befreiung aus der Festung Babenhausen – zwei Bände, fast siebenhundert Seiten, eine Hommage Wilhelms an seine Befreierin. Im Januar 1847 stirbt sie. Wilhelm ist »so untröstlich« und zeigt sich »in häuslichen Dingen so unbeholfen«, dass Gottfried Keller ins Haus zieht und nach dem Rechten sieht. Im Frühjahr und Sommer 1847, bis in den Herbst, schreibt Keller im Schulz-Haus in Hottingen an seinem Hauptwerk, dem Roman »Der grüne Heinrich«. Dann greift Kitty aus der Schweizer Patrizierfamilie der Bodmer ein und heiratet den zögernden Witwer Wilhelm.

Einen jener Augenblicke, »die ein ganzes Leben durch nachglänzen«, haben Caroline und Wilhelm Schulz gemeinsam erlebt, als sie sich nach der Flucht im »Land der Freiheit« wiederfanden. Den zweiten, Wilhelms Triumph, die Abschaffung der deutschen Geheimjustiz, hat Caroline nicht mehr erleben dürfen. Sie hat diesen erfüllten Augenblick in den schweren Jahren des Exils ebenso geholfen vorzubereiten, wie sie den ersten ermöglicht hat: Ein Jahr nach ihrem Tod gibt die März-revolution 1848 Wilhelms Leben eine neue Richtung. Nach dreizehn Jahren betritt Wilhelm als Abgeordneter der Deutschen Nationalversammlung in Frankfurt wieder deutschen Boden. Die Darmstädter haben ihn nicht vergessen und senden ihn, den Flüchtling im Exil, als den Mann ihres Vertrauens in die Paulskirche. Der Wagemut, all die Opfer und Entbehrungen von Caroline und Wilhelm Schulz waren nicht ganz vergebens: Die Geheimjustiz wird abgeschafft. Es ist einer der wenigen Erfolge der Revolution von 1848.

Mit dem Frevel der Geheimjustiz ist es zu Ende – doch der »Kartätschenprinz«, der spätere Kaiser Wilhelm I., lässt mit Kanonen auf die Bürger schießen. Die Achtundvierziger flüchten zu Tausenden aus den deutschen Militärmonarchien. Wilhelm kehrt ins Schweizer Exil zurück. 1860 ist er, tief enttäuscht von der »halben Revolution«, in seiner »schreibzimmerlichen Einsamkeit« in Hottingen gestorben. Gottfried Keller erzählt, dass sein Leben still erlosch und ausging »wie ein Lichtchen«.

Die Maharani von Dschansi

Flamme des Muts

Fürstenhochzeit im indischen Dschansi, ein Fest aller Sinne: Der Maharadscha heiratet eine blutjunge Brahmanin. Nach seinem Tod wollen die englischen Kolonialherren sie entthronen und Dschansi ihrem Imperium einverleiben, doch die junge Königin widersetzt sich der Annexion. Im Großen Aufstand von 1857 spielt sie eine führende Rolle, bis sie sich 1858 – sie ist 23 Jahre alt – von einem englischen Husaren in den Rücken getroffen selbst verbrennt, um nicht von den Briten gehängt zu werden.

In ihrer Doppelrolle als »Beschützerin von allem, was lebt« und als »tapferster Rebell« wurde die Vorkämpferin der indischen Freiheitsbewegung zur Nationalheldin, zur indischen Jeanne d'Arc.

In den »Veden«, den indischen Weisheitsschriften, heißt es: Alles Leben ist aus dem Wasser entstanden und kehrt dorthin zurück. Als Strom des Lebens gilt Manukarnika, Mutter Ganga – der Ganges. Indische Dichter vergleichen den Strom mit dem Blut im Menschen oder mit der Milchstraße am Himmel. Am Ganges liegt die »Stadt des Lichts« Benares, »mit weißen Marmorstufen, die tief hinabführen« in den großen Strom, in dem Hindus ihre Lebenslast von sich waschen, wie der Indienkenner Mircea Eliade schreibt, den kein Ort mehr beeindruckt hat. Dort wird im November 1835 ein Kind geboren, das in seinem kurzen Leben verschiedene Namen trägt: »Manukarnika«, »Chhabili«, »Lakschmibai«. Dem Kind wird das Horoskop gestellt, und der Vater Moropant erschrickt: Tapferkeit … Wissen … Gerechtigkeitsliebe … Ritterlichkeit … Ruhm durch das Schwert in der Schlacht! Sicher ein günstiges Horoskop für einen Maharadscha und Feldherrn, aber doch nicht für ein Mädchen! Das Mädchen erhält mit dem Namen Manukarnika den schmückenden Beinamen des Ganges: Ihr Leben soll fruchtbar sein wie der große Strom.

Manukarnikas Vater ist Ratgeber eines alten, einflussreichen indischen Herrschers; ein kluger Mann. *Manu* soll nicht in der abgeschirmten Frauenwelt aufwachsen. Ihre Spielgefährten sind Jungen, vor allem der junge Prinz Nana Sahib, der adoptierte Sohn des Herrschers, und sein Freund Tatya Tope. Zusammen mit ihnen lernt sie lesen und schreiben. Am liebsten reitet sie mit den Jungen um die Wette, sitzt wie sie im Sattel und ficht mit Trainingsschwertern. Beim Fahnenstangenklettern übertrifft sie alle – und schon beginnt sich ein Aspekt ihres Horoskops zu erfüllen. Ihr Mut wird zum Tagesgespräch der ganzen Stadt: Sie wünscht sich nichts mehr, als auf einem Elefanten zu reiten. Aber als sie zu ihren Spielgefährten auf einen königlichen Reit-Elefanten hinaufklettern will, lassen die Jungen sie nicht mitreiten: »Komm bloß nicht rauf! Mädchen dürfen keine Elefanten reiten!« Zornig schreit Manu zu Nana Sahib hinauf: »Ich werd's dir schon zeigen! Ich werd' mal zehn Elefanten haben – nicht nur einen! Vergiß das bloß nicht!« Plötzlich reißt sich ein gewaltiger Elefant los und läuft

Amok durch die Straßen der Stadt. Manu lässt sich von einem Baum auf den galoppierenden, trompetenden Elefanten fallen, klettert auf einen Stoßzahn und bringt den erregten Koloss zur Ruhe – es ist ein Wunder. Der alte Herrscher selbst gibt ihr einen neuen Namen: »Chhabili«, was ungefähr »quicklebendig« bedeutet oder »voll Lebenskraft«.

Chhabili ist noch keine zehn Jahre alt – nach der Tradition schon höchste Zeit, für sie einen Mann zu finden, sozusagen zur Vorsorge einen Mann in Wartestellung. Die Ehe wird dann üblicherweise nach fünf, sechs Jahren vollzogen. Manu gehört der höchsten Klasse der Brahmanen an. Der Maharadscha von Dschansi – um die Vierzig, ein Witwer, noch immer kinderlos – sucht eine Frau. Er will die Nachfolge in seinem Land sichern. Das ist umso wichtiger, als die britischen Kolonialherren dabei sind, die letzten freien Königreiche in Indien zu unterwerfen, wobei der englische Generalgouverneur Dalhousie die Politik verfolgt: Wenn ein König ohne leiblichen Erben stirbt, wird sein Land britisch. Dschansi ist eins der kleinsten alten Königreiche im Gangesbecken, aber der Maharadscha hat die stärkste Festung und den »besten Palast« im indischen Herzland. In der Hauptstadt Dschansi treffen wichtige Handelsstraßen zusammen. Dschansi ist reich, was die Engländer umso begehrlicher macht. Der Maharadscha erhebt Steuern eher nachlässig. Die Kolonialherren rechnen hoch: Da lässt sich weit mehr an Steuern herausholen.

Als am Hof von Dschansi Hochzeit gefeiert wird, hat die blutjunge Braut drei Wünsche frei. Sie wünscht sich: Erstens, dass ihre Freundin Mundar immer bei ihr bleibt. Zweitens, dass Nana Sahib ein Elefant geschickt wird: Sie hat jetzt viele Elefanten, das soll er nur sehen! Den dritten freien Wunsch überlässt sie ihrem Vater. Der kluge Moropant formuliert den dritten Wunsch so, dass die Stellung seiner Tochter am Hof des Maharadschas gefestigt wird. Sie soll die Freiheit des Palasts erhalten, die Frauengemächer verlassen dürfen und auch die Stallungen betreten können, denn sie ist eine leidenschaftliche Reiterin mit einem sicheren Auge für gute Pferde. Moropant selbst folgt seiner Tochter nach Dschansi und wird Minister am Hof. Chhabili erhält wieder einen neuen, bedeutungsreichen Namen. Als Frau des Maharadschas – Maharani, kurz Rani – heißt sie fortan »Lakschmibai« nach Lakschmi, der Göttin des Glücks und Gedeihens. Der neue Name soll ihr und dem ganzen Land Glück bringen. Dann wird die junge Braut für die Hochzeit geschmückt – eine Farben- und Blütenorgie, aus der sie heraussticht, in goldenem Sari und pfaublauem Schleier, behangen mit Perlen und einer dreifachen Kette von Smaragden und Rubinen, den Scheitel zinnoberrot gefärbt, gekrönt von einer Tiara. Mit Lotusblütenketten an beiden Händen wird sie dem dicklichen Maharadscha zugeführt.

Zwei Jahre später feiert das ganze Königreich. Die Rani schenkt einem Thronerben das Leben und sichert damit die Unabhängigkeit Dschansis von den Kolonialherren. Trotz aller Fürsorge stirbt der Kronprinz schon nach drei Monaten – ein schwerer Schlag für die Mutter und den kränkelnden Maharadscha. Er adoptiert auf dem Totenbett einen fünfjährigen Jungen aus seiner Verwandtschaft, Rao, und bestimmt ihn zum Thronfolger und die Rani zur Regentin. Ende 1853 stirbt der Maharadscha. Die Rani ist achtzehn Jahre alt. Doch Dalhousie erkennt die Adoption nicht an. Die Rani soll unverzüglich abtreten und ihr Land den Kolonialherren überlassen. Ein Bruch aller Verträge, argumentiert die Rani und verpflichtet einen irischen Rechtsanwalt, der als Ire selbst die bitterste Erfahrung mit den englischen Kolonialherren gemacht hat. Gerade erst ist eine Million seiner irischen Landsleute unter britischer Herrschaft verhungert. Der Ire reist nach Dschansi und beschreibt die Rani nach einer Audienz im Palast: »Ihre Augen waren besonders ausdrucksvoll, und die Nase fein geformt ...

Sie trug keinen Schmuck außer einem Paar goldener Ohrringe. Ihr Kleid war aus weißem Musselin, fein und anschmiegsam, und ihrem Körper in solcher Weise angepasst, dass sich ihre Figur klar und sehr eindrucksvoll abzeichnete.« Während sich dem Iren die reizvolle Figur der Rani einprägt, beeindrucken einen älteren Besucher andere Vorzüge: »Groß von Gestalt und von angenehmem Wesen, trug sie an sich alle Merkmale eines scharfen Verstands und unbezwingbarer Entschlusskraft.«

Eine blutjunge Herrscherin, der Thronfolger ein Kind... Der englische Generalgouverneur Dalhousie greift nach Dschansi wie nach einer reifen Orange. Sogar englische Zeitgenossen lehnen Dalhousies maßlose Machtpolitik ab und nennen den Lord spöttisch »die Gottheit«, und die Gottheit habe nichts andres im Sinn, als Mittel und Wege ausfindig zu machen, wodurch indische Fürsten in kürzest möglicher Zeit bis zur Weißglut gebracht und in den Wahnsinn getrieben werden. Zwar gelingt es Dalhousie in zahlreichen Fällen, indische Fürstenhäuser zu enteignen und ihr Land an sich zu reißen – aber die Rani von Dschansi widersetzt sich. Sie hält Dalhousie vor, ohne ein Blatt vor den Mund zu nehmen: »Je stärker ein Staat ist, desto weniger ist er geneigt, einen Fehler oder Akt der Willkür einzugestehen!« In einem Memorandum führt sie alle Verträge zwischen Dschansi und den Briten an, die garantieren, dass dem Maharadscha von Dschansi wie auch seinen Erben und Nachfolgern für alle Zukunft die Herrschaft über Dschansi zugesichert bleibt und endet: »Nochmals ersuche ich Eure Lordschaft, mir eine Audienz zu gewähren.« Doch nichts von Dalhousie außer dem Befehl zur Enteignung, »nach gründlicher Beratung«, ohne irgendwelche Begründungen. »Gründliche Beratung«? Der Befehl ergeht schon einen Tag nach Vorlage ihres Memorandums – kein einziges ihrer Argumente wird auch nur erwähnt. Die Rani soll sogar Staatsschulden als ihre eigenen Schulden bezahlen. Auch private Ländereien des Königshauses – Wiesen, Wälder – sollen an die Briten abgetreten werden. Dörfer, deren Abgaben zum Erhalt eines Tempels der Schutzgöttin Lakschmi verwendet wurden, müssen fortan ihre Steuern an die Kolonialmacht entrichten. Hoffart und Eiseskälte der Engländer bringen die Rani tatsächlich zur Weißglut, doch sie verliert nicht die Beherrschung, so schwer es ihr auch fällt. Es wird lediglich überliefert, dass sie den Enteignern entgegenhält: »Ich gebe nie mein Dschansi auf!«

Nicht nur die Rani wird von der lautlosen, unerbittlichen Arroganz der Engländer bis zum Äußersten gereizt: Die Kolonialherren missachten Vereinbarungen mit hinduistischen Soldaten in ihren Armeen, den Sepoys. Sepoys begehren dagegen auf, dass ihnen befohlen wird, Kühe zu töten und mit Dum-Dum-Geschossen zu feuern, die mit Rinderfett eingeschmiert sind: Für die hinduistischen Sepoys ist das unvorstellbar, ungeheuerlich. Kühe sind in der sinnlich-bildhaften Sprache der Hindus »gefangene Flüsse«, Träger göttlichen Lebens, jedenfalls sind sie den Hindus heilig. Für die Kolonialmacht, die zunehmend unter den Einfluss christlicher Missionare gerät, sind das heidnische Lächerlichkeiten. In einem britischen Militärstützpunkt bei Delhi verweigern einige Sepoys Befehle, die ihren hinduistischen Glauben verletzen, und werden zu jahrelanger Kerkerhaft verurteilt. Das ist zuviel. Am 10. Mai 1857 brechen Sepoys in den Kerker der Kaserne ein und befreien ihre verurteilten Kameraden.

Im nahen Delhi residiert der letzte Mogul, nur noch ein Schattenkaiser. Schon strecken die Kolonialherren die Hände nach der indischen Kaiserkrone aus, um sie ihrer Königin Victoria aufzusetzen. Der letzte Mogulkaiser schlägt sich allerdings auf die Seite der Rebellen. Am 11. Mai ist schon kein einziger Engländer mehr in Delhi zu sehen. Der Aufruhr der

Sepoys, der »Große Aufstand«, breitet sich aus wie ein Lauffeuer, auch nach Dschansi, wo bereits englische Steuerverwalter, Missionare und Offiziere mit ihren Familien stationiert sind. Jetzt sind es die Engländer in Dschansi, die bei der Rani Schutz suchen. Sie flüchten sich mit ihren Familien in die Festung, was die Rani gutheißt und sogar wegen der Frauen und Kinder anrät. Die Rani versorgt auch alle, die in der Festung Zuflucht suchen, mit Lebensmitteln und schickt Soldaten zu ihrem Schutz. Die aufgebrachten Sepoys drohen die Stadt zu plündern, was die Rani verhindert; aber sie kann nicht verhindern, dass fast alle Engländer umkommen, die sich aus der Festung heraus zu ihren Landsleuten durchschlagen wollen. Obwohl die Engländer ihre Feinde sind – die Rani bedauert ihren Tod zutiefst und wünscht, dass »ihre Mörder zur Hölle fahren«.

Doch von jetzt an wird die Rani von der Kolonialmacht als Mörderin der Engländer in Dschansi verfolgt. Inzwischen ist zwar der verhasste Generalgouverneur Dalhousie abgelöst, aber sein Nachfolger Canning beschließt, die Rani als Mörderin ergreifen zu lassen. Blankes Unrecht, selbst der britische Oberst Martin versichert als Augenzeuge: »Gegen die Rani wurde sehr ungerecht und grausam verfahren, und niemand kennt die Wahrheit besser als ich. Die Unglückliche hatte keinerlei Anteil an dem Mord an den Europäern in Dschansi im Juni 1857. Im Gegenteil, sie versorgte sie mit Lebensmitteln ... und schickte, um uns in der Festung zu unterstützen, hundert Musketiere«. Der Generalgouverneur organisiert Feldzüge gegen die aufständischen Sepoys und vor allem gegen die Rani in Dschansi. Er sucht einen erfahrenen Feldherrn und findet ihn in Sir Hugh Rose. Der General kennt Indien nicht, aber er hat militärischen Drill in Preußen gelernt und sich im Krimkrieg hervorgetan.

Im Frühjahr 1858 marschiert die britische Feldarmee, angeführt von General Rose, gegen Dschansi. Während die Rani allmählich zu begreifen beginnt, dass die Kolonialherren sie gefangen nehmen und hängen wollen, versucht sie, ihr Land zum Widerstand zu rüsten. Täglich bei Sonnenaufgang trifft sie mit jungen Frauen zusammen, mit denen sie ausreitet – Trab, Handgalopp, Galopp – und dabei den Schwertkampf im Sattel übt. Vorräte werden angelegt, Waffen geschmiedet, Kanonen gegossen. Die Vorbereitungen gehen nicht ungestört vor sich. Die Handelswege werden ständig von Räubern bedroht, die auch vor Mord nicht zurückschrecken. In einem Außenfort, nur sechzehn Meilen vor Dschansi, hat sich ein Räuberhauptmann verschanzt und verbreitet von seinem Felsennest aus Furcht und Schrecken. Die Rani sucht eine Begegnung mit diesem Räuberhauptmann, Saugar Singh. Die Sage hat diese Begegnung blutig – und blumig – ausgeschmückt: Die Rani reitet dem Räuber entgegen, der sich im Fort verschanzt. Sie fordert ihn zum ritterlichen Schwertkampf heraus. Ihre Bedingung: Wenn sie siegt, muss er sich ihr ergeben. Der Räuber nimmt an, unter der Gegenbedingung: Wenn er siegt, muss sie sich ihm ausliefern. »Achha!«, »Angenommen!«, antwortet die Rani. Sie wird zuerst verwundet – Blut quillt durch ihren Sari – aber schließlich stößt sie mit dem Schwert den Räuberhauptmann vom Pferd: Er wird ihr getreuer Gefolgsmann.

Dschansi rüstet weiter zum Widerstand. Beim Kriegsrat im Palast erklärt ein erfahrener General: »Die Engländer sind Herren der Lage und haben das Heft in der Hand. Es ist noch nie geglückt, sie in der Schlacht zu besiegen.« Er schlägt vor, sich ihnen zu unterwerfen. Dem halten andere indische Offiziere entgegen, sie seien deshalb in Dschansi, weil sie angenommen hätten, die Rani würde gegen die Engländer kämpfen. Der Kriegsrat wird von der Nachricht überrascht: Dreißigtausend Mann sind auf dem Weg, um der Rani zu Hilfe zu eilen – angeführt von Tatya Tope, jenem Freund aus Kindheitstagen! Vielleicht kommt sogar Nana Sahib...? Jetzt steigt die Flagge von Dschansi über der Festung auf. Alle verstehen: Das bedeutet Widerstand und Kampf.

Der Heerwurm unter Rose bewegt sich in sengender Hitze auf Dschansi zu. Den britischen General hält der Gedanke aufrecht: »Sie sagen alle, der Palast von Dschansi ist das beste Herrenhaus in Indien – und dass sich daraus eine großartige Kaserne machen ließe!« Dschansis Festung steigt vor Rose immer höher in den sonnenflirrenden Himmel. Die meterdicken Festungsmauern zwischen Dutzenden von Türmen und Bastionen sind zusammen mit dem Mauerring um die Innenstadt drei Meilen lang. Rose bringt sein Geschütz in Stellung und beginnt, eine Bresche in die Stadtmauer zu schießen. Sturmleitern werden bereitgestellt. Der Angriff ist schon auf den 30. März festgesetzt, da – am 29. März – wird Rose von Spähern gemeldet, dass sich Tatya Tope Dschansi nähert. Die Späher berichten: mit fünfzehn- bis zwanzigtausend Mann. Rose lässt seine Geschütze weiter eine Bresche schießen, während er mit seiner Infanterie und Kavallerie die heranrückende Armee angreift. Die Inder haben veraltete Gewehre, die nur langsam nachgeladen werden können. Fast die ganze Befreiungsarmee besteht aus unerfahrenen Freiwilligen. Rose hat schnellere Gewehre und gedrillte, kampferprobte Berufssoldaten. Die Rani muss mitansehen, wie schon weit vor den Toren von Dschansi Tatya Topes Scharen in die Flucht geschlagen werden, noch bevor sie mit ihrer eigenen Truppe einen Ausfall gegen die Engländer unternehmen kann. Rose zieht den Ring um Dschansi dichter. Er will nicht nur die Stadt und Festung einnehmen. Er hat auch Order, einen Ausbruch der Rani zu verhindern. Ein Prozess gegen sie ist eingefädelt. Man will sie hängen sehen.

Rose schießt sich jetzt ganz mit seiner Artillerie auf eine

Schwachstelle in der Stadtmauer ein. Dann lässt er zum Sturmangriff blasen. Es folgt ein Kampf Gasse um Gasse, Haus um Haus. Die Bevölkerung wird niedergemacht. In einem Feldbericht heißt es: »Die britischen Soldaten übererfüllen freudig ihre Befehle, niemanden über sechzehn zu verschonen, ausgenommen natürlich Frauen«. Schonung der Frauen – das gilt nicht für die Rani. Auf sie wartet der Tod, wie ihn ihr Vater erleidet. Er wird im Kampf gefangengenommen und vor den Mauern von Dschansi gehängt.

Die Rani hat sich mit ihrem neunjährigen Adoptivsohn Rao in die Festung zurückgezogen, sieht aber keine Möglichkeit, sie zu halten. Als die Engländer in die geräumten Festungsanlagen einmarschieren, erkennen sie den Grund: Die Festung hat keine eigene Quelle und wird über eine riesige Zisterne mit Wasser versorgt. Die Zisterne ist jetzt, kurz vor der Regenzeit, völlig ausgetrocknet. Doch wo ist die Rani? Heute noch wird in Dschansi die Stelle gezeigt, von der sie auf ihrem Pferd aus der Festung in einen Abgrund gesprungen sein soll – mit ihrem kleinen Adoptivsohn auf dem Rücken. Britische Kavallerie setzt den beiden nach, ein Leutnant kommt so nahe, dass er sie angreifen kann, aber die Rani haut ihn mit einem Schwerthieb aus dem Sattel.

Das Kind schläft in einer Art Rucksack, der mit Schlingen am Leib der Rani festgebunden ist, auf dem langen Ritt durch die Nacht ein. Als die Rani sich vergewissern will, dass der Junge ruhig schläft und über die Schulter schaut, sieht sie am Himmel den Widerschein der Flammen, in denen Dschansi aufgeht. Die Eroberer haben Feuer gelegt. In einer einzigen Nacht soll die Rani rund hundert Meilen geritten sein – bis nach Kalpi, der nächsten Festung in indischer Hand. Fest steht, dass der Rani die Flucht aus der Festung durch den Ring britischer Wachtposten hindurch gelungen ist, mit ihrem Adoptivsohn auf dem Rücken; auch der Name des britischen

Offiziers, der von der Rani vom Pferd geschlagen wurde, ist bekannt: Leutnant Dowker. Jetzt versuchen es die Kolonialherren mit Geld: Zwanzigtausend Rupien für die Ergreifung der Rani! Ein Vermögen! Doch niemand verrät sie.

Mörderische Hitze. Noch immer kein Regen: Während General Rose gegen Kalpi marschiert, erleidet er einen Hitzschlag, lässt sich streckenweise tragen und von einem Soldaten immer wieder Wasser über den Kopf gießen, bis er Kalpi erreicht. Zwar ist die Rani noch auf freiem Fuß, aber Rose glaubt sich nahe am Ziel. Da wendet sich das Blatt. Gwalior, das Bollwerk der Kolonialherren: Das prächtige Gwalior mit seiner mächtigen Festung und seinen gefüllten Arsenalen geht zu den Aufständischen über. Der Maharadscha, der mit den Briten paktiert, flieht aus der Stadt, aber seine Truppen, die bestausgerüsteten in Indien, schließen sich mit den Einwohnern von Gwalior dem Aufstand an. Im Triumph zieht die Rani mit Tatya Tope in Gwalior ein. Nana Sahib, ihr Spielkamerad in Kindheitsjahren, wird am 3. Juni 1858 feierlich zum neuen Herrscher im befreiten Zentralindien ausgerufen – ein rauschendes Fest mit orientalischem Prunk und Feuerwerk, tagelang. Die Rani feiert nicht mit. Sie reitet rings um die Stadt, um im Fall eines Überraschungsangriffs den Verteidigern zu Hilfe zu kommen. Ein britischer Lagebericht meldet: »Sie ist ständig zu Pferd, mit Schwert und Pistole bewaffnet, gefolgt von dreihundert ihrer Reiter«.

Niemand erwartet, dass die Engländer in der siedenden Hitze des indischen Hochsommers schnell heranrücken. Doch der Monsun, der große Regen, steht unmittelbar bevor. Wenn er einsetzt, fällt der Feldzug gegen die Inder buchstäblich ins Wasser. General Rose treibt seine Truppen an. Im Morgengrauen des 17. Juni 1858 erreicht eine britische Vorhut das Gelände vor Gwalior. Dort ist die Rani auf freiem Feld vom Pferd gestiegen und trinkt gerade einen Schluck Wasser. Plötzlich tauchen fünfzig Reiter in roten Uniformen auf: Husaren. Die Rani springt aufs Pferd und wird dabei von einem Briten in den Rücken getroffen. Sie wendet sich, um ihn anzugreifen – es heißt, mit zwei Schwertern, einem Schwert in jeder Hand, die Zügel ihres Pferds zwischen den Zähnen – als sie, bereits von dem Schuss geschwächt, durch einen Säbelhieb verwundet wird. Sie gleitet vom Pferd, aber es gelingt der getreuen Mundar – jener Freundin, die sich die Rani bei ihrer Hochzeit als Begleiterin gewünscht hatte –, die tödlich verwundete Rani in die Stadt zu bringen. Nach der Überlieferung, die bis heute in Gwalior lebendig ist, hat die Rani dort noch ihren Schmuck unter ihren Soldaten verteilt und danach angeordnet, dass in aller Eile Stroh mit Holz vermischt hoch aufgeschüttet und sie darauf gebettet wird. Sterbend entzündet sie selbst ihren Scheiterhaufen, um nicht in die Hände der Engländer zu fallen.

General Rose war schneller vor Gwalior aufgetaucht, als es die freiheitstrunkenen, noch immer in der Stadt ihre Freiheit feiernden Rebellen für möglich gehalten hatten. Nach dem Tod der Rani stürmt Rose die Stadt und nimmt die Festung. Tatya Tope kämpft noch ein Jahr als indischer Robin Hood gegen die Engländer weiter. Sie verfolgen ihn bis in den Dschungel. Er fällt in die Hand der Kolonialherren und wird gehängt. Nana Sahib schlägt sich zum Himalaya durch. Seine Spur verliert sich in einem nepalesischen Tempel. General Rose schreibt in seinem Kriegsbericht: »Die Rani von Dschansi, die indische Johanna von Orleans, fiel beim Angriff ... Sie war der beste und tapferste Anführer der Rebellen.«

Heute besingen Lieder die Rani, Plätze sind nach ihr benannt, Reiterstandbilder wurden ihr zu Ehren errichtet, Volkslieder feiern sie als Freiheitsheldin und auch als Vorkämpferin persönlicher Freiheit: »Sie sprang vom Lotus-Sitz auf, / sprang auf ihr Pferd / und zückte das Schwert, / Feuer sprüht aus ihren Augen! ... Statt dich zu bücken, steh auf mit dem Schwert!« Aber die Rani wird in einer Doppelrolle gefeiert: Indien hat seine Freiheit wiedererrungen – doch ohne Blutvergießen (von indischer Seite) dank dem »gewaltlosen Widerstand« Mahatma Gandhis in Achtung vor allem, was lebt, sei es Freund oder Feind. Wer einen der weitverbreiteten bunten Drucke oder ein Reiterstandbild der Rani betrachtet, sieht eine Schwertkämpferin in üppig blühender Schönheit weit jenseits der unsinnigen Phantasie des englischen Generals Rose: Das ist keine hochgepanzerte Jungfrau von Orleans. Wir sind im Orient, in einer Welt, in der Sinnenfreude, Fruchtbarkeit und Zeugungskraft nicht als sündig gefürchtet und gebrandmarkt, sondern als Quell des Lebens gefeiert werden.

Die reizvolle Rani sitzt mit Schwert und Krone im Sattel – doch nicht allein; auf dem Rücken trägt sie ein Kind als Sinnbild allen Lebens, das sie beschützt. Indische Balladen erzählen nicht nur von den Kämpfen der Rani, der »Flamme des Muts«, sie setzen auch – es ist wie die Geburt einer neuen Freiheitsgöttin *und* Muttergottheit – die junge Rani mit Manukarnika gleich, mit der »Mutter Ganga«, dem lebenserhaltenden Strom, an dem sie geboren wurde:

> *Sie ist wie der Strom Manukarnika*
> *und fließt dahin mit seiner Kraft, seinem Licht,*
> *wie das Wasser des großen Stroms.*

»Adlerin aus Bayern«

*D*ie alle acht Kinder des Herzogs Max in Bayern (»Zithermaxl«) und seiner Frau Ludovika, einer Tochter des ersten Königs von Bayern, wächst »Sisis« Lieblingsschwester Marie, geboren 1841, in Possenhofen am Starnberger See auf. Sie wird Königin beider Sizilien, kurz bevor Giuseppe Garibaldi mit seinen »Rothemden« gegen das Königreich anrückt, um die Einigung Italiens zu erzwingen. Der schwache König Franz II. überlässt es seiner Frau Marie, das Land zu verteidigen. Die »Adlerin aus Bayern« wird als »Heldin von Gaeta« in Italien populärer als selbst ihr Gegenspieler Garibaldi. Nach der Einigung Italiens geht sie ins Exil. Marie stirbt 1925 in ihrer bayerischen Heimat.

Im Wildbad Kreuth, in den Gängen des Neuen Bads, noch immer im Besitz der Herzöge in Bayern, hängt ein Gemälde, das eine hinreißend schöne Reiterin vor dem rauchenden Vesuv am Gestade des Golfs von Neapel darstellt. Die bildschöne Reiterin ist Marie, Königin beider Sizilien, die Heldin von Gaeta, eine der fünf »Wittelsbacher Schwestern«, Töchter des Herzogs Max in Bayern, des »Zithermaxl«, und seiner Frau Ludovika. Mit vier Schwestern und drei Brüdern ist Marie in Possenhofen aufgewachsen.

Schloss Possenhofen am Starnberger See: umduftet von Rosen, umstanden von Eichen, Eschen und Linden in einem englischen Park, der sich bis ans Seeufer hinzieht. Der Blick geht über den See mit der Roseninsel zur Benediktenwand und Zugspitze. Für die Kinder ist es ein Paradies, in dem auch Pferde, Hunde, Perlhühner und Ponys nicht fehlen. Herzog Max in Bayern gilt als schönster Fürst Deutschlands. Seine Liebeskraft sprengt gewissermaßen das kleine Schloss und so wird vor der Geburt des vierten Kinds, Elisabeth, genannt Sisi, 1837 ein hufeisenförmiger Seitenbau hochgezogen – für weitere Kinder, die nicht auf sich warten lassen. Karl Theodor, genannt Gackl, der spätere Augenarzt, wird 1839 geboren, 1841 folgt Marie. In gleichmäßigem Rhythmus bevölkert sich Possenhofen – *Possi* scherzt der Zithermax – mit weiteren Kindern, wenn auch der Schlossherr häufig aushäusig ist, denn seine Zuneigung zu Frau Ludovika ist alles andere als ungeteilt.

Maries Mutter Ludovika ist eins von neun Kindern des ersten Bayernkönigs Max. Für Ludovika ist Possi nicht das Märchenschloss wie für ihre Kinder. Ein Stoßseufzer Ludovikas ist überliefert: »Meine Schwestern sind glänzend und unglücklich verheiratet. Ich bin lediglich unglücklich verheiratet.« Ihre Schwestern haben die Thronfolger halb Europas geheiratet. *Ihr* Zithermax ist alles andere als eine glänzende Partie: Er ist arme Verwandtschaft, eine Kirchenmaus aus dem landlosen Nebenzweig der wittelsbachischen Seitenlinie Birkenfeld-Gelnhausen, kein Herzog von Bayern, sondern lediglich »in« Bayern: Nachdem Kurfürst Karl Theodor ohne legitimen Nachfolger gestorben war und Bayern drohte, an Habsburg zu fallen, wurde händeringend nach einem Wittelsbacher gesucht, der Bayern selbstständig erhalten würde. Dieser Wittelsbacher wurde am Rhein gefunden – und so beglückt war man in Bayern, dass ein Münchner Bierbrauer – Stimme des Volks – dem neuen Herrscher aus dem alten Haus beim Einzug in München zurief: »Maxl, daß d' grad da bist!« Dieser Max – König Maximilian I. Joseph – holt nun mit der Auflage *Wachset und mehret euch* weitere pfälzische Wittelsbacher ins Land und macht die Birkenfeld-Gelnhäuser zu Herzögen »in Bayern«.

Herzog Max in Bayern meidet das steife Hofzeremoniell, erfüllt aber umso gewissenhafter den Auftrag, den Mannesstamm der Wittelsbacher zu stärken, wobei er jenes biblische »Wachset und mehret euch« nicht allzu eng auslegt und seine »Flugvogelnatur« auch »Täler des Gebirges« mit Nachwuchs bevölkert: Früchte erstaunlicher Potenz, für die einem Höfling die Umschreibung gelingt: »Herzog Max zeigt sich im allgemeinen weit über seine Jugendjahre hinaus von überquellender Lebensfreude.« Mit den Bauern singt er zur Zither. Er komponiert auch, dichtet und ist sehr belesen – während er spottet, Ludovika lese nur Missionskalender. Zu mehr findet sie auch kaum Gelegenheit, denn ihr ist die Aufzucht der Kinder überlassen. Welch ein Trost, dass der Kaiser von Österreich, »die glänzendste Partie des 19. Jahrhunderts«, eine ihrer fünf Töchter heiratet. Aber es bedarf Ludovikas leitender Hand, noch vier weitere unter die Haube – sprich: die Krone – zu bringen. Dabei ist ihr Max so gar keine Stütze. Er unterbricht nicht nur den Klavier- und Französisch-Unterricht der Mädchen, um mit ihnen immer neue Reiterkunststücke einzuüben (wonach sie mit dem Hut herumgehen und sammeln!), er nimmt sie sogar mit zu ihren ... Halbgeschwistern! Doch genug – Ludovika ist beglückt, nachdem Sisi den Kaiser von Österreich geheiratet hat, als auch für die nächstfolgende Tochter, Sisis Lieblingsschwester Marie, eine Königskrone winkt: Der Kronprinz des Königreichs beider Sizilien, Franz, soll bald in Neapel seinem todkranken Vater Ferdinand auf den Thron folgen, und die neapolitanischen Bourbonen fühlen in Possenhofen vor. Während Ludovika sich entschlossen dem Projekt *Marie wird Königin von Neapel* widmet, rät der Zithermax schlankweg Marie von der Heirat ab: »Heirate ihn nicht. Er ist ein Trottel!«

Es ist König Max II. von Bayern selbst, der mit den neapolitanischen Bourbonen verhandelt. Ein Ehevertrag muss geschlossen werden, wobei Ludovika keine schlechten Karten hat, denn es gärt in Italien. Garibaldis Risorgimento greift um sich. Ziel ist die Einigung Italiens unter dem Haus Savoyen. Marie wird eine Schachfigur im neapolitanischen Überlebenskampf: Habsburg hat ausgedehnte Besitzungen in Italien und ist somit ein natürlicher Verbündeter gegen das Risorgimento. Die Verschwägerung mit Habsburg über die Lieblingsschwester der Kaiserin stärkt die Allianz Wien-Neapel gegen Garibaldi. So sieht man in Neapel über die eher dürftige Mitgift hinweg, die Marie zu bieten hat, und es wird schließlich Hochzeit gefeiert, genauer gesagt: Ferntrauung am 8. Januar 1859 in München. Ferntrauung deshalb, weil sich danach eine schöne »Übergabe« zelebrieren lässt, wobei die Braut dann bereits als Neapolitanerin ihr Königreich betritt. (Oder wird befürchtet, die Braut könnte das Weite suchen, wenn sie den Bräutigam leibhaftig vor sich sähe?) Ein Familienmitglied vertritt den Bräutigam Franz, und so schreitet die Braut – wir erfahren: sie trägt »ein spitzengeschmücktes Brokatkleid mit einer sehr langen Schleppe aus weißem Samt«, ein Brillantendiadem hält ihren Schleier –, so schreitet die blutjunge Braut in München am Arm ihres ältesten Bruders Ludwig an den Altar der Hofkapelle. Der Brautvater, der Zithermax, wird offensichtlich auch für diese Aufgabe als ungeeignet erachtet.

Die Reise der Braut in ihr südliches Königreich führt über Wien. Kaiserin Elisabeth notiert sich: »Ich wusste sehr wohl, dass meine arme Schwester eine Schwiegermutter zu erwarten hatte, die der meinen um nichts nachstand« – sie spielt auf die Kaiser-Mutter Sophie an – und Sisi bereitet Marie noch ein paar schöne Tage in Wien und begleitet sie auch bis nach Triest zur Übergabe. Vorbild ist das unendlich komplizierte und pompöse Ritual der Übergabe der Wiener Erzherzogin Marie Luise an Kaiser Napoleon und vorher der Übergabe der Erzherzogin Marie Antoinette an Ludwig XVI. Nach solchen Vorlagen wird die Zeremonie im Gouverneurspalast von Triest geplant: Die »Perle der Adria« ist österreichischer Mittelmeerhafen.

Eine Seidenschnur trennt den Hauptsaal im Palast des Gouverneurs in eine bayerische und eine neapolitanische Hälfte. Am 1. Februar 1859 durchschreitet mit Gefolge ein Vertreter des Königreichs beider Sizilien die »neapolitanische Tür«. Gleichzeitig beginnt auch der Einzug der Braut durch die gegenüberliegende »bayerische Tür«. Bayerische und neapolitanische Repräsentanten tauschen Beglaubigungsschreiben aus, die eingehend geprüft werden. Auf einer Mitteltribüne überwacht die Kaiserin die Szene. Die Herren in Galafräcken nehmen sich eine volle Stunde Zeit und bücklingen voreinander so gespreizt, dass Kaiserin und Braut sich immer häufiger Blicke zuwerfen. Es zuckt verräterisch um ihre Mundwinkel, bis schließlich beide in Gelächter ausbrechen, das im Saal widerhallt. Als endlich alles vorbei ist, verlässt Marie als »Maria Sofia« den Saal durch die neapolitanische Tür. An Bord der neapolitanischen Fregatte *Fulminante* fährt sie ihrem Königreich entgegen. Ob Marie wohl einen Gedanken darauf verwendet hat, dass sechshundert Jahre vor ihr auch der junge Konradin, Sohn der wittelsbachischen Herzogstochter Elisabeth von Bayern, in dieses Königreich aufgebrochen ist?

Am 3. Februar 1859 läuft die Fulminante in den Hafen von Bari ein. Kanonensalven, Glocken läuten Sturm, Häuser und Straßen sind festlich beflaggt. Im Hafen wartet Bräutigam Franz. Der Kronprinz stammt aus König Ferdinands erster Ehe mit Maria Christina von Savoyen. Sie prägte sich dem Gedächtnis des Volks ein, weil sie Tänzerinnen verpflichtete, in großen Unterhosen aus schwarzer Seide aufzutreten. Schon mit 24 Jahren starb sie im Geruch der Heiligkeit. Ferdinands zweite Frau – jene, von der Sisi argwöhnt, sie sei so fürchterlich wie ihre eigene Schwiegermutter Sophie – ist eine Tochter des Erzherzogs Karl, des Siegers von Aspern. Sie hat harte und helle Augen, einen großen und strengen Mund, ist ungraziös, klein, dick, mit einem enormen Busen, und kleidet sich ohne jeglichen Geschmack; doch sie ist machtbewusst, und eine ihrer stehenden Redensarten ist: »Bestrafen ... bestrafen«. Und der Bräutigam, Kronprinz Franz? Der Geruch der Heiligkeit, in dem seine Mutter lebte und starb, umweht auch ihn. Am liebsten liest er Heiligenleben. Er treibt keinen Sport und ist jetzt – mit 23 – noch immer »jungfräulich«. Keine Hofdame, kein Kammerkätzchen hat ihn in die Kunst der Liebe eingeführt; keine Rede von einem einzigen Flirt. Marie – »Maria Sofia« – klammert sich an die beschönigende Miniatur, die sie um den Hals trägt: Franz in Husarenuniform.

An der Reling der Fulminante sucht die Braut mit dem Fernglas ihren Bräutigam. Er trägt eine Husaren-Uniform, wie auf dem Medaillon. Aber dann der magere Inhalt der Uniform: »... lang und gebeugt, das gelbliche Gesicht eines alten Kinds ... leblose Augen, den Blick stets gesenkt, abfallende Schultern, plumpes, grobschlächtiges Benehmen.« Marie lässt sich nichts anmerken, aber sie muss ihrer Schwester Sisi anvertraut haben, wie enttäuscht sie ist, denn die Kaiserin erinnert sich: »Als meine arme Schwester Franz zum ersten Mal sah, fiel sie fast in Ohnmacht.« Franz aber murmelt beim Anblick seiner

Braut: »Mein Gott, wie schön sie ist, Gott, wie ist sie schön ...« – und »Marie, meine liebe Tochter ...« murmelt der sterbenskranke Ferdinand II. – während zwischen Marie und ihrer Schwiegermutter sofort ohne viele Worte der Funke der Feindschaft überspringt.

Im Palast von Bari ist das Brautgemach vorbereitet und geschmückt – wohin sich die Braut zurückzieht, während Franz davor auf einem Betstuhl kniet und einen Rosenkranz beginnt. Eine Hofdame meldet ihm, dass seine Gemahlin ihn erwarte. Der Bräutigam umschlingt seinen Rosenkranz und erwidert, er fühle sich unwohl. Das allseits erwartete Ereignis findet in der Hochzeitsnacht nicht statt, und danach auch noch lange nicht. Es wird nur beobachtet, dass allmählich der fromme Bräutigam nach seinen rituellen Gebeten wenigstens nicht mehr wartet, bis seine Braut schläft, bevor er auf Zehenspitzen zum Ehebett schleicht und unter die Decke schlüpft.

Im Mai 1859 stirbt Ferdinand II. und Franz besteigt den Thron des Königreichs zwischen Salzwasser und Weihwasser, wie es spöttisch heißt. Franz II. besteigt einen wankenden Thron. In Norditalien rücken schon die Armeen Napoleons III. und die Truppen des Hauses Savoyen aus dem Piemont gemeinsam gegen das Heer der Schutzmacht Neapels vor, gegen Österreich. Auch im Königshaus in Neapel bricht offener Krieg aus – zwischen der alten und der neuen Königin. Wie Sisi in Wien den Hof mit ihren Gymnastikübungen schockiert, so Marie den Hof in Neapel mit ihrem *Zompo*. Die Achtzehnjährige hat sich in den Kopf gesetzt, im Meer zu schwimmen. Gegen alle Widerstände setzt sie nicht nur ihr Bad im Meer durch – sie *springt* sogar ins Wasser! Der Zompo, der Sprung der Königin in das damals noch ganz klare Wasser des Militärhafens, gilt als Attraktionsnummer, nicht nur für die Hof-Garde. Es gibt auch bald ein Gegenstück zum Wiener Handschuhskandal. In Wien besteht Sisis Schwiegermutter

Sophie darauf, dass gemäß dem spanischen Hofzeremoniell in Handschuhen gespeist wird. Die junge Kaiserin erscheint eines Tages demonstrativ ohne Handschuhe. Sie zieht auch, nach Aufforderung, keine an – und Kaiser Franz Joseph streift daraufhin trotz durchdolchender Blicke seiner Mutter Sophie, die das spanische Hofzeremoniell förmlich verkörpert, seine eigenen Handschuhe ab! Alle an der Tafel tun es ihm nach. Sisi hat gesiegt. Am Hof in Neapel lässt Maries Schwiegermutter kein Tier den Speisesaal betreten. Ob Lyonne hereinkommen darf, fragt die aufbegehrende Marie bei Tisch den König: »Mon cher, est-ce que tu permets que vienne Lyonne?« Ausgerechnet Lyonne, eine riesige Neufundländerin. Gespannteste Stille, dann antwortet Franz, ohne den Blick zu heben: »Oui, ma chérie«. Lyonne stapft herein, umhüpft von ihren Welpen, die sofort zwischen den Beinen der Tischgesellschaft herumtollen. In heller Empörung lässt die Ex-Königin ihr Essen stehen, muss sich aber damit abfinden, dass künftig »wie in Possi« die Welpen zwischen den Beinen der Tafelnden herumspielen.

In Norditalien übernimmt nach einigen Niederlagen Kaiser Franz Joseph selbst den Oberbefehl über sein Heer. Er kann aber die italienische Einigungsbewegung nicht aufhalten. Bei Solferino werden am 24. Juni 1859 die Österreicher von den verbündeten Piemontesen und Franzosen besiegt. Die Tage des Königreichs beider Sizilien sind gezählt. Während das bourbonische Schiff schon sinkt, entfaltet sich in Neapel ein Gesellschaftsleben mit Empfängen, Galavorstellungen, Bällen. Hof und Adel betäuben sich; ein Tanz auf dem Vulkan: Im Mittelpunkt steht die strahlend schöne, elegante, junge – und noch immer jungfräuliche – Königin. Während der Hof tanzt, dampfen von Genua aus zwei Schiffe heran, mit 1089 Mann, viele sind Anwälte, Mediziner. Manche tragen ein rotes Hemd, die meisten Zylinder. Ihre Bewaffnung ist dürftig, nur zweihundert haben Karabiner. Das ist die Armee der »Tausend«, der »Rothemden«, die der Feuerkopf Garibaldi nach Sizilien führt, um von dort aus die Bourbonen zu entthronen und die Einigung Italiens zu erzwingen. Die Rothemden landen in Marsala an der Westspitze Siziliens. Sofort drängt Marie ihren Franz, Neapel zu verlassen und sich in Sizilien auf ein Pferd zu schwingen. Sie wird an seiner Seite reiten, und dann werfen die ermutigten Soldaten die Freibeuter ins Meer zurück! Doch Franz rührt sich nicht von der Stelle. Der Gedanke, ein Pferd zu besteigen, schreckt ihn. An seiner Stelle reitet, nein, reist der zweiundsiebzigjährige General Lani in einer Kutsche den Aufständischen entgegen und kommt dort an, wo sie gelandet sind, zwei Tage nach deren Landung. Er kommt, sieht und – erwägt »den Rückzug« (wie er sich später verteidigt) als »den besten Sieg«.

Es ist ein Sommer der Angst. Welche Agonie im Königs-schloss, während doch – wie Maries Bewunderer Gabriele d'Annunzio schreibt – Franz eine »leidenschaftliche Gefähr-tin« zur Seite hat, »deren katzenhafte Nasenflügel in einem heldenhaften Traum zu atmen und zu beben schienen, als wür-den sie Blitze in einem Gewittersturm erzeugen«. Vom er-oberten Sizilien setzt Garibaldi aufs Festland über. Franz ent-schließt sich, Neapel zu verlassen, um nach Gaeta zu flüchten, rund hundert Kilometer nördlich in Richtung Rom. Gold und Geld bleiben in der kopflosen Eile des Aufbruchs im Palast, nicht aber die Devotionalien des Königs: 66 Reliquien, eine Urne mit Überresten der heiligen Iasonia und eine große Men-ge von Bildern mit religiösen Themen kommen mit auf die *Messaggero*, auf der sich das Königspaar nach Gaeta einschifft. Der Kapitän signalisiert den Admiralen und Kapitänen der Flotte, die im Hafen von Neapel ankert, die Messaggero nach Gaeta zu begleiten. Nur ein einziges Segelschiff folgt; alle an-deren Kapitäne sind bereits zu Garibaldi übergelaufen. Kaum hat der König Neapel verlassen, telegrafiert schon Franz' geschmeidiger Innenminister an Garibaldi: »Mit der größten Ungeduld erwartet Neapel Ihre Ankunft«.

Im Morgengrauen des 7. September 1860 legt die Messaggero im Hafen der Festung Gaeta an. Das Vorgebirge von Gaeta ragt eineinhalb Kilometer ins Meer hinaus, von der Natur geschaffen als nahezu uneinnehmbares Bollwerk. In Kasematten lagern Tonnen von Kanonenkugeln und Pulver. Festungsringe weisen Belagerer ab. Mit rund dreizehntausend Mann richten sich Franz und Marie auf die Verteidigung Gaetas ein. Die Königin macht sich eine private Uniform zurecht: ein ponchoartiger Umhang, wie ihn die Kalabreser tragen, hohe Stiefel und ein schickes Jägerhütchen: ein hinreißendes Bild für die jungen Soldaten. Für sie ist die Königin »wie eine Schwester, auch im Donner der Kanonen«. Überall ist sie zu sehen, beschenkt ihre Soldaten, ermuntert sie mit strahlendem Lächeln im Kugel- und Kanonenhagel, tröstet Verwundete, hält Sterbende im Arm: Die »Adlerin aus Bayern«! Marcel Proust bewundert sie sogar als »heldenhafte Frau, die als Soldatenkönigin selbst auf den Wällen von Gaeta geschossen hat«.

Es ist die Zeit, in der noch mit einer gewissen Ritterlichkeit gekämpft wird. Der Belagerergeneral lässt den Festungskommandanten wissen: Seine Wohlgeboren möge eine große schwarze Fahne dort aufziehen, wo die Königin wohne, »die durch Rang und Geschlecht jede Rücksicht« verdiene. Dieses Gebäude werde nicht beschossen. Die wagemutige Königin lässt den Belagerern antworten, in einem solchen Fall müssten die Fahnen sehr zahlreich sein, denn sie sei überall dort, wo einer ihrer Soldaten kämpfe! Doch bald bricht in Gaeta Typhus aus, Lebensmittel gehen zur Neige: In Mangel und Not endet das Jahr 1860, und das Neue Jahr läutet den Anfang vom Ende ein. Bisher hatte Napoleon III. noch unter dem

Druck seiner Frau Eugénie, Maries begeistertster Anhängerin, die französische Flotte zum Schutz des Königspaars bereitgehalten. Jetzt zieht Napoleon trotz Eugénies »lästigen Bitten« (wie der Piemontese Cavour formuliert) seine Flotte zurück. Nur die französische Fregatte *Mouette* bleibt im Hafen von Gaeta.

Bald taucht die Flotte aus Norditalien auf und beginnt mit der Seeblockade. Auch an Land braut sich Unheil zusammen. Die Belagerer setzen ihre Wunderwaffe ein, zwei Kanonen, die nicht von vorn, sondern von hinten geladen werden und 15 000 Fuß weit schießen. Im fahlen Licht der frühen Wintersonne des 22. Januar 1861 greift die feindliche Flotte an, wagt sich aber zu nahe an die Batterien Gaetas. Die Verteidiger brüllen den piemontesischen Matrosen Flüche entgegen, fordern sie höhnisch auf, sich näher heranzuwagen – »Kommt! Kommt! ... Wenn ihr Mut habt!« – lassen dann die Hosen herunter und zeigen auflachend den Angreifern ihren blanken Hintern. Die Königin lacht lauthals mit. Dampfschnaubend preschen die Schiffe der feindlichen Flotte in den Hafen, hinein in die Reichweite der bourbonischen Kanonen, werden getroffen und suchen ihr Heil in der Flucht. Die Kugeln aus den Schiffskanonen lassen nur Wassersäulen aufsteigen, ein Schwall schwappt über die Königin. Sie wirft die Arme hoch und hat die Geistesgegenwart zu rufen: »Mut! Das war die Siegestaufe!« Sieg auch an der »Landfront«. Zum Schluss trifft eine Kanone der Verteidiger ein feindliches Pulvermagazin: Volltreffer, das Pulverlager fliegt in die Luft. Das alles muss begossen werden. Champagner gibt es nicht mehr, aber noch Wein. Militärkapellen spielen auf, während die Belagerten die Fische aus dem Meer holen, die von den Flüchtenden »erschossen« worden sind. Den größten Seebarsch erhält die Königin. Es wird – die *Königin* wird bis in den frühen Morgen hinein gefeiert: als »Heldin von Gaeta«!

Der 13. Februar 1861 bringt ein Ende mit Schrecken. Die Belagerer treffen das größte Pulvermagazin in Gaeta. Achtzehn Tonnen Pulver explodieren – eine Katastrophe: Rauch, Trümmer, Tote. Zwei Stunden später ist die Kapitulation unterzeichnet: Für die ganze Garnison werden militärische Ehren gewährleistet, und dem Königspaar baut man zum Abzug goldene Brücken. Am 14. Februar 1861, früh um sieben, gehen Franz und Marie an Bord der Mouette, auf der neben der französischen die neapel-bourbonische Fahne gehisst wird. Eine Batterie feuert 21 Salven ab, ein letzter königlicher Salut. Dann wird über Gaeta die bourbonische Fahne eingeholt. Das Königreich beider Sizilien besteht nicht mehr. Doch es ist, nach fünf Monaten Kampf, ein Ende nicht ohne Ruhm.

Franz und Marie gehen ins Exil nach Rom. Die »Heldin von Gaeta« ist in Rom und ganz Italien populärer als selbst Garibaldi. Wie sehr noch die Krallen der »Adlerin aus Bayern« gefürchtet werden, zeigt eine schäbige Fälschung, die der Geheimdienst im Sold des Hauses Savoyen ausheckt: Die Heldin von Gaeta soll als Symbol des Widerstands gegen das Risorgimento demontiert werden. Die neuen Herren Italiens, in der Wahl ihrer Mittel nicht zimperlich, nutzen aus, dass sich Marie lebhaft für die neue Kunst der Fotografie interessiert. Bald gehen an den Papst und die Königshöfe Europas Fotos, die Marie nackt zeigen, in eindeutigen Posen. Was ist geschehen? Der Kopf der Königin wurde auf Nacktaufnahmen einer römischen Venusjüngerin montiert, während über allem ein Bild Seiner Heiligkeit des Papstes zu sehen ist! Es sind die ersten politischen Fotofälschungen solcher Art. Der römischen Polizei glückt es, die Jüngerin der Venus, die da für savoyisches Geld Pose gelegen hat, gegen die Zusicherung von Straflosigkeit zu einem Geständnis zu bewegen. Aber da ist auch Maries Zompo, ihr »skandalöses« Schwimmen im Meer; dazu Ausritte in Männerkleidung mit aufgelöstem, schulterlangem Haar, und das in der Stadt des Papstes! Es wird sogar beobachtet, wie »die Bayerin« während einer langen päpstlichen Zeremonie – gähnt: Als »die Bayerin« wird sie von der stockkonservativen päpstlichen Partei beschimpft, während sie im Volk immer beliebter wird, besonders nachdem auch Kaiserin Elisabeth nach Rom gekommen ist, um ihre Schwester zu trösten. Wunderschön und immer gleich angezogen lassen sich die beiden jungen Frauen in den Straßen Roms sehen, vom Volk bewundert und umjubelt.

Immer wieder reist Marie heim nach Possenhofen, kehrt aber auch immer wieder zurück nach Rom. Eine dieser Reisen dürfte einen zwingenden Grund gehabt haben, den gewissenhafte Biografen für gesichert halten. Marie verliebt sich in Rom in einen belgischen Offizier ihrer Palastgarde, Armand de Lawayss. Schwanger (Franz kann der Vater nicht sein) eilt sie aus Rom nach »Possi«. Ludovika versteckt sie umgehend in einem Augsburger Kloster; sie findet auch in dieser Prüfung keinen Trost bei Max, der Marie auch noch über das *Vorkommnis* hinwegtröstet: »Mach dir nichts draus, das sind Dinge, die passieren«. Marie hat wohl am 24. November 1862 in einer Augsburger Klosterzelle Zwillingen das Leben geschenkt, zwei Mädchen, von denen eins nach Belgien kommt und früh stirbt. Um das andere kümmert sich Maries ältester Bruder Ludwig wie um ein eigenes Kind. Es erhält den Namen Marie Louise von Wallersee. Nach der Heirat mit einem Grafen Larisch spielt sie bis zur Tragödie von Meyerling als Vertraute des Kronprinzen Rudolf eine Rolle am Wiener Hof.

Marie hat nie aufgegeben, für ihr Königreich zu kämpfen. Im Herbst 1867 kommt es noch einmal zu einer Schlacht, an der sie teilnimmt, »eine Fee« – dichtet Russo – »im Donner der Kanonen«: Garibaldis Rothemden wollen endlich auch Rom einnehmen. Während der Schlacht von Mentana bei Rom dringt Marie bis in die ersten Linien vor, ermutigt die Soldaten, verteilt Liebesgaben, hilft Verwundeten. Die Rothemden werden zurückgeschlagen. Der Papst zeichnet »die Bayerin« jetzt mit der »Mentana-Medaille« aus, die Marie gern trägt. Auch Georg von Vollmar, der spätere Anführer der bayerischen Sozialdemokraten, hat in Mentana an der Seite Maries voll Bewunderung mitgefochten: »Nur einen Engel gibt es in Rom für die unglücklichen deutschen Soldaten, das ist die Königin Marie von Neapel«. Doch der Sieg von Mentana bringt keine Wende. Nahe diesem Schlachtfeld hatte auch schon jener junge Konradin nach einem trügerischen Sieg die Krone seines Königreichs verloren.

Der gemeinsame Versuch, das verlorene Königreich zurückzugewinnen, bringt Franz und Marie einander näher. Sisi redet Franz ins Gewissen, Ehegatten dürften nicht nur beten, und schickt ein prächtiges Ehebett. Es fehlt nicht an boshaften Anzüglichkeiten im römischen Adel, doch im April 1869 verkündet Franz, dass seine Frau den Erben erwarte. Im Dezember schenkt Marie einem Mädchen das Leben, Maria Christina. »Es ist die Rose, die der Lilie vorangeht«, heißt es jetzt. Das Baby wird einer Engländerin anvertraut, die ihm kalte Bäder verordnet und den Säugling dann in der schwachen Wintersonne trocknen lässt. Die rabiate Erzieherin duldet »nicht den leisesten Einwand«. Das Kind stirbt im März 1870.

Einige Monate später marschieren Bersaglieri in Rom ein. Der Kirchenstaat wird ein Teil, Rom die Hauptstadt Italiens. Franz und Marie suchen ein neues Exil. Sie leben fortan fast immer getrennt, Franz verbringt seine Jahre in Schloss Garatshausen bei Possenhofen am Starnberger See. Er nennt sich Herzog von Castro und stirbt, ein Endfünfziger, 1894. Noch heute ruhen im malerischen Friedhof des Hofguts Rieden bei Starnberg einige Familienmitglieder: Ferdinand von Bourbon, Herzog von Kalabrien, Nachfolger von Franz als Oberhaupt der Familie, Ferdinands Frau Maria, eine Tochter Ludwigs III., des letzten Wittelsbacherkönigs, und ein Bourbonenprinz mit dem uralten normannisch-sizilischen Königsnamen Roger.

Marie lebt in der Villa Hamilton bei Paris als erfolgreiche Pferdezüchterin. Sie hat »Pferdeverstand«, von Pferden versteht sie wirklich etwas. Doch sie unterstützt auch Widerständler, die in Italien gegen die zentralistische Bürokratie des Hauses Savoyen ankämpfen, das ihre Krone geraubt hat. Im Ersten Weltkrieg wird sie daher als Anarchistenkönigin – »reine aux anarchistes« – ausgewiesen und kehrt nach München zurück, wo ihr Bruder Gackl, der beliebte Augenarzt Karl Theodor, ihr eine Wohnung an der Ludwigstraße einräumt. Die Ex-Königin ist verarmt, der letzte Besitz hat sich in Staatsanleihen verflüchtigt.

Ein hochbegabter junger italienischer Schriftsteller besucht im November 1924 die Dreiundachtzigjährige an der Münchner Ludwigstraße und macht sich Aufzeichnungen, als Marie auf ihr ganzes Leben zurückblickt: »Ich war ein gesundes und fröhliches Mädchen«, vertraut sie ihm wenige Wochen vor ihrem Tod an, und auch: sie habe das Glück gesucht: »Uns, die fünf Töchter von Herzog Max, nannte man von jung auf die Wittelsbacher Schwestern. Wir trugen alle fünf schwarze Zöpfe, einen Fingerbreit oberhalb der Ohren und auf der Stirn im Kreis gelegt, wie die oberbayerischen Bäuerinnen. Dann wurden wir alle flügge: Elisabeth wurde Kaiserin von Österreich, Helene wurde Fürstin von Thurn und Taxis, Mathilde heiratete Ludwig, den Grafen von Trani, Sophie den Herzog von Alençon: aber von allen fünf war ich von Natur aus am meisten dazu veranlagt, mein Leben zu genießen.« Die Erinnerung an Gaeta verschmilzt der Hochbetagten mit der Erinnerung an einen »Gaetano«, einen ehemaligen Diener, der jetzt in einem Dorf im untergegangenen Königreich beider Sizilien lebt: »Er hat mir vor einiger Zeit eine Kiste Orangen geschickt. Der letzte Tribut«. Noch immer reitet sie täglich aus, noch immer macht sie zu Pferd eine gute Figur. Noch immer bezaubert sie den wortgewandten Schriftsteller, der sie interviewt: Marie ist alt, weißhaarig, ohne Schmuck. Aber sie steht vor ihm »gerade wie der Stamm einer jungen Fichte«; da ist der stolze Blick der klaren Augen unter feingeschwungenen Brauen, etwas zärtlich Wildes spielt um diesen Mund – es verschlägt ihm die Sprache. Er verabschiedet sich mit einem Frosch im Hals, wortlos, mit einer tiefen Verbeugung. Die »Adlerin aus Bayern« ist am 18. Januar 1925 in München gestorben. Ein Jahrzehnt später wurden ihre Gebeine aus ihrer bayerischen Heimat nach Rom überführt. Seit 1984 ruhen Marie und Franz, im Tod vereint, im Pantheon der Bourbonen in Neapel.

Edith Cavell

»Patriotismus ist nicht genug«

E dith Cavell, 1865 im englischen Norfolk geboren, wird Krankenschwester und leitet seit 1907 eine Lehrklinik in Brüssel. Nach dem deutschen Einmarsch im neutralen Belgien 1914 versorgt sie in ihrem Krankenhaus Verwundeten und Hilfesuchenden. Die deutsche Militärjustiz macht kurzen Prozess. Edith Cavell wird angeklagt, sie hätte »dem Feinde Mannschaften zugeführt«, und wird am 12. Oktober 1915 in Brüssel hingerichtet. Wie auch immer kriegsrechtlich die Hinrichtung der Krankenschwester ausgelegt werden kann – selbst auf deutscher Seite überwiegt die Reaktion: »Wie ist dieser Stumpfsinn möglich?« Politisch wirkt sich die Hinrichtung der Krankenschwester verheerend aus und wird nicht zuletzt auch ein Anlass für den Eintritt der USA in den 1. Weltkrieg. Zwar versuchen britische Nationalisten Edith Cavell als ihre patriotische Johanna von Orleans zu vereinnahmen, aber der Nobelpreisträger Shaw erzwingt, dass nachträglich auf dem Londoner Denkmal ihr Abschiedswort angebracht wird: PATRIOTISM IS NOT ENOUGH.

Ein Bergriese im Jasper-Nationalpark der kanadischen Rocky Mountains, ein Dreitausender von atemberaubender Schönheit, heißt Mount Edith Cavell. In westeuropäischen Hauptstädten erinnern Monumente »in Gold, Bronze und Marmor« an Edith Cavell. Ist sie – eine Bergsteigerin? Würde ihr dann aber ausgerechnet in Brüssel ein Denkmal errichtet oder in London oder in Paris? So unbekannt ihr Name – hierzulande – ist, so wichtig wurde er doch für das 20. Jahrhundert. Aber greifen wir nicht vor.

Der 4. Dezember 1865 ist ein Montag. Der Regen über Norfolk geht allmählich in Sonnenschein über. In einem Pfarrhaus bei Norwich wird das erste Kind des anglikanischen Vikars und seiner jungen Frau Louisa geboren, Edith Louisa Cavell. »Monday's child is fair of face« – »Montagskind hat ein schön' Gesicht« – heißt ein Vers in einem Kinderreim. Ediths Eltern sind ganz sicher, dass er sich bei ihrem Kind bewahrheitet hat. Edith steckt voll Energie, ist begabt – aber Frauen studieren nicht. Sie wird Krankenschwester. Bei ihrer Ausbildung lernt sie deutsche Krankenhäuser kennen; von einer kleinen Erbschaft schenkt sie einen beträchtlichen Teil einem Arzt in Bayern für den Ankauf medizinischer Geräte. Man erinnert sich in dem bayerischen Krankenhaus gern an den »Engel aus England«, und Edith erinnert sich gern an die Menschen, die sie in Bayern kennengelernt hat. Als sie seit 1907 die erste belgische Ausbildungsklinik für Krankenschwestern aufbaut, zeichnet sie – sie liebt »wilde Blumen« – ein Edelweiß als Logo der neuen Schule.

Nach Belgien kommt sie durch Zufall. Englische Krankenschwestern haben eine solide Ausbildung und einen guten Ruf, und als Dr. Depage, ein Chirurg in Brüssel, für seine Ausbildungsklinik eine Oberschwester, eine *Matron*, sucht, wird ihm Edith Cavell empfohlen. Dr. Depage operiert – nahezu alles andere, einschließlich der Ausbildung von rund fünfzig

Schwestern der Klinik in der Rue de la Culture, übernimmt Edith Cavell. Ihr bleibt kaum Zeit für sich selbst, und die geringe Freizeit teilt sie mit Jackie, ihrem treuen belgischen Hirtenhund.

Im August 1914 bricht der Erste Weltkrieg aus. Deutsche Truppen überrennen das neutrale Belgien. Zwanzigtausend Mann marschieren in Brüssel ein. Edith schreibt nach Norfolk: »Wir konnten die lange Kolonne sehen, und als am Mittag Halt gemacht wurde, waren manche Soldaten zu müde zu essen und schliefen auf der Straße ein. Wir waren zerrissen zwischen Mitleid für diese bedauernswerten Burschen, fern ihrer Heimat und ihrer Familie ... und Hass auf einen grausamen und erbarmungslosen Feind, der Ruin und Verzweiflung über ein blühendes und friedvolles Land brachte.« Bald erreichen die Klinik in der Rue de la Culture Schreckensnachrichten von Erschießungen belgischer Zivilisten und blindwütigen Plünderungen und Brandlegungen. Dazu immer neue Ge- und Verbote (auch Fahrradfahren wird verboten). Eine Schreckensnachricht jagt die andere; aufgrund eingeschränkter Kommunikation ist es schwierig, Rauch und Feuer zu unterscheiden. In der Kleinstadt Dinant sollen am 23. August Männer, Frauen und Kinder auf dem Marktplatz von deutschen Truppen zusammengetrieben und erschossen worden sein, »unter ihnen Félix Fivet; sein Alter drei Wochen.« Zwei Tage später verbreitet sich die Nachricht: Deutsche Truppen plündern die Universitätsstadt Löwen, Feuer wird in den Gassen gelegt, die alte Bibliothek verwüstet. Edith Cavell kann Nachrichten von Massenerschießungen belgischer Zivilisten nicht überprüfen, aber Löwen ist nicht weit: Eine zuverlässige Schwester macht sich zu Fuß auf den Weg nach Löwen und bestätigt nach ihrer Rückkehr die Nachricht von Plünderung und Brandlegung, der auch die Bibliothek der Universität zum Opfer fällt. Neue Schreckensbotschaften: Bei Bergen/Mons kommt es zu einer Schlacht – in aller Eile versuchen französische und englische Truppen den deutschen Vormarsch zum Halten zu bringen. Falls verwundete oder versprengte belgische oder englische oder französische Soldaten entdeckt werden, laufen sie Gefahr, nicht behandelt, und befürchten sogar erschossen zu werden. Versprengte Soldaten verstecken sich oder versuchen, sich über die holländische Grenze in Sicherheit zu bringen. Holland ist im Ersten Weltkrieg nicht von deutschen Truppen besetzt.

Über der Brüsseler Klinik wehen Rot-Kreuz-Fahnen. Kranke und Verwundete werden ohne Ansehen von Nationalität, Rang oder Religion versorgt und gepflegt. Edith Cavell ist als Matron bei der Ausbildung zur Pflege streng und verblüfft die Lernschwestern mit unerwarteten Zurechtweisungen. Eine Lernschwester, die mit dem Stiefelabsatz eine Spinne zerquetscht, moniert sie: »Schwester, eine Frau nimmt nicht Leben, sie gibt es.« Geschichten von ihrem trockenen Norfolker Humor machen die Runde. Der Matron wird berichtet, dass ein verwundeter junger Soldat aus dem Bett sprang, um einer hübschen Schwester nachzustellen. Spontan fragt sie: »Und der Patient, hat er sich verletzt?«

25. August 1914. Auf Schloss Bellignies in der Borinage taucht ein deutscher Offizier bei Prinz und Prinzessin Croy auf und ordnet an: Die Prinzessin hat den deutschen Generalstab zu verköstigen und unterzubringen. Ohne Antwort abzuwarten, schlägt der Offizier die Hacken zusammen und verschwindet. Dann fährt der Generalstab vor. Im Mittelpunkt steht ein Schwager Kaiser Wilhelms II. Ein Teil des Schlosses ist Rot-Kreuz-Hospital. Dort entdeckt der Kaiserschwager britische Verwundete, dringt darauf, dass ihre Verbände abgerissen werden, um zu überprüfen, ob es sich um wirkliche Verwundungen handelt, und beschlagnahmt die Taschenmesser. Die Prinzessin hört, dass der Stab 22 Mann umfasst. Sie lässt

22 Gedecke auflegen. Der Kaiserschwager protestiert: »Ich höre, Madame, Sie werden nicht mit uns essen. Ohne Zweifel wollen Sie uns alle vergiften!« Die Prinzessin entgegnet: »Ich bin hier, um Leben zu retten, nicht zu nehmen« – ohne Ansehen der Nationalität; auch ein deutscher Offizier mit einem Kopfschuss wird von der Prinzessin im Schlosshospital gesund gepflegt. Bellignies ist von Wäldern umgeben. In den Wäldern halten sich alliierte Soldaten versteckt, die fürchten, von den Besatzern aufgegriffen zu werden. Bauern helfen den Verwundeten und Versprengten, sich zu verbergen und geben den Hungernden zu essen. Schließlich wenden sich die Bauern um Hilfe an die Prinzessin Croy.

1. November 1914, Abend. Edith Cavell arbeitet in Brüssel noch in ihrer Klinik. Es klopft an der Tür. Drei Männer treten ein, von denen einer einen Brief von Madame Depage bringt, der Frau des Klinikchefs: Sie ist mit der Prinzessin Croy befreundet und fragt an, ob es eine Möglichkeit gibt, den beiden Begleitern des Briefüberbringers, zwei verwundeten Engländern, zu helfen. Der belgische Überbringer des Briefs verabschiedet sich. In Brüssel herrscht am Abend Ausgangssperre, er muss sich beeilen, nach Hause zu kommen. Die Tür fällt ins Schloss. Der Belgier ist gegangen. Die beiden Engländer bleiben. Edith Cavell stellt sie einer Krankenschwester vor: »Das ist Oberst Boger und Sergeant Meachin – beide sind verwundet. Sie kümmern sich, bitte, um sie und geben ihnen zu essen? Und können Sie ihnen ein Bier besorgen?« Dem Oberst ist eine Socke in die Wunde gewachsen, die zu faulen beginnt. Der Sergeant hat eine Schusswunde am Kopf. Beide werden den Krieg überleben.

22. November 1914. Edith Cavell schreibt ihrer Mutter einen Brief, der über Holland nach Norfolk gelangt: »Wir denken schon an unsren Christbaum, und die Schwestern verwenden die freie Zeit, die sie finden, darauf, Puppen zu schnei-

dern und warme Kleider für die frierenden Kinder ... es ist unseligerweise schon früh kalt geworden. Was hältst Du von den tapferen Belgiern? Sie haben erlitten (und erleiden noch) ein Martyrium, aber schweigend – ihre Haltung ist bewundernswert, Zurückhaltung und Würde – kein Wort des Hasses, des Ekels oder der Verzweiflung ... ich habe es nicht für möglich gehalten«. Einige Wochen später schreibt sie lakonisch nach Norfolk: »I am helping ...« – »Ich helfe ...« An Weihnachten lädt sie den anglikanischen Vikar in Brüssel in die Klinik ein. Es gibt Plumpudding à la Cavell. In der Klinik feiern die Patienten, auch britische.

Immer wieder steht ein Verwundeter mit dem Losungswort »Yorc« vor der Klinik – »Yorc«, das ist der Name »Croy«, rückwärts gesprochen – und mancher von ihnen schlägt sich nach einem Klinikaufenthalt bis an die holländische Grenze durch. Viele Landser, vor allem ältere deutsche Wachsoldaten, schauen in die andere Richtung, wenn Flüchtlinge die Grenze nach Holland überschreiten. Dann aber müssen die Landser Stachel- und Elektrodrahtzäune ziehen. Mancher Flüchtling kommt dennoch durch: »Einer überlistete Stachel- und Elektrodraht, indem er ein Fass dazwischen schob, dem Deckel und Boden ausgeschlagen waren, und die Fliehenden krochen durch das offene Fass in Freiheit und Sicherheit.« Manche, die mit »Yorc« in die Rue de la Culture kommen, haben Schreckliches erlebt und wollen oder können nicht darüber sprechen. Aber ein junger Ire berichtet: Er hatte sich in einer Mühle versteckt, die er eines Abends verlässt, um mit Belgiern ein Bier zu trinken. Als er zurückkommt, brennt die Mühle, der Müller wurde hingerichtet. Der Ire findet zwölf Leichen. Auch andere versprengte Iren finden in die Rue de la Culture. Die Soldaten – fast noch Kinder – verlassen leichtsinnig die Klinik, sitzen stundenlang in Wirtschaften, betrinken sich und ziehen Arm in Arm aus der Kneipe in die Klinik zurück und singen dabei, als ob sie mitten in Dublin wären: *It's a long way to Tipperary*...

Die deutsche Geheimpolizei ist allgegenwärtig. Bei den Belgiern heißen ihre Agenten »Berliner Vampire«. Ständig werden Belgier auf diesen oder jenen Verdacht hin verhaftet. Die Berliner Vampire beschatten auch Edith Cavell. Sie versteckt in ihrem Kissen ein Tagebuch. Einige Eintragungen sind erhalten. Am 27. April 1915 schreibt sie, dass die Deutschen ein holländisches Schiff torpediert haben und dass daraufhin die Holländer ihre Grenze schärfer bewachen und verminen. Eine Hiobspost – denn die Versprengten, die Verwundeten, die aus der Rue de la Culture bis an die holländische Grenze kommen, haben jetzt geringere Chancen, ins freie Holland zu gelangen.

Im Juni 1915 erscheint in der Klinik bei einer Hausdurchsuchung ein deutscher General, der Edith Cavell Befehle erteilt, wie sie britische Verwundete zu bewachen habe. Sie antwortet ihm, sie sei Krankenschwester und keine Gefängniswärterin. »Er sah mich an, als ob er mich erschießen wollte.« Die Geheimpolizei lässt die Klinik nicht mehr aus den Augen, und im Hauptquartier wird es zum geflügelten Wort: »Die Cavell muss an die Mauer!« Gemeint ist die Mauer, vor der die Opfer der Polizei und Militärjustiz von einem Todeskommando erschossen werden. Edith Cavell lässt die Prinzessin Croy und ihre Helfer wissen: »Bitte schickt mir derzeit keine Männer mehr hierher, weil die Lage täglich schwieriger wird«.

4. August 1915. Später Nachmittag. Wieder Krankenhausdurchsuchung: Befehle hallen im Treppenhaus wider. Edith Cavells Zimmer wird durchwühlt. Es findet sich nichts Belastendes, aber die Oberschwester wird in ein wartendes Auto gestoßen und auf der Kommandantur verhört. Edith Cavell ist völlig unfähig zur Lüge oder auch nur zu einer kleinen from-

men Schwindelei. Sie ist ganz und gar überzeugt, dass es ihre Pflicht war und ist, Bedrängten zu helfen und Leben zu retten. Dass sie sich selbst – in den Augen der Besatzer – belastet, scheint ihr zu entgehen, denn sie hält das, was sie getan hat, für etwas, was sie jederzeit wieder tun müsste. Aus wochenlanger Einzelhaft schreibt sie einer Schwester in der Klinik: »Ich wäre dankbar für eine ... Decke, eine Serviette, Tasse, Gabel, einen Löffel und einen Teller. Nicht die besten – auch ein oder zwei Handtücher und meine Zahnbürste ... Wenn Jackie traurig ist, sag ihm, ich komme bald zurück.« Jackie – sie sieht ihn nie wieder, aber ihr treuer Hund taucht noch einmal überraschend auf.

Die Verhandlung findet im Sitzungssaal des Senats statt: Deutsche Offiziere nehmen in Sesseln als Zuschauer teil, »mit Monokel, gut genährt«. Die Herren mit Igelfrisur und feisten Nacken haben Feldstecher mitgebracht, die sie auf die angsterfüllten Gesichter der Angeklagten richten. Es geht um Leben und Tod von fünfunddreißig Frauen und Männern, Lehrerinnen, eine Näherin, eine Marktfrau, Ingenieure, Ehepaare. Die Offiziere mit Monokel und Feldstecher betrachten das Mienenspiel der Angeklagten und den Prozess überhaupt als Jagdvergnügen. Edith Cavell trägt Zivilkleidung, eine weiße Bluse, ein blaues Kostüm. Sie solle ihre Schwesterntracht anlegen, das würde die uniformliebenden Deutschen beeindrucken, wird ihr nahegelegt. Aber sie lehnt ab, auf diese Weise für sich Sympathie zu gewinnen.

Edith Cavell wird angeklagt, sie habe das Verbrechen begangen: »dem Feinde Mannschaften zuzuführen«. Hochverrat! Todesstrafe! Die hier über Edith Cavell zu Gericht sitzen, haben zuvor das Land, in dem sie nun die Herren spielen, überfallen – gegen alles Völkerrecht. Im Verhör kommt sie kurz zu Wort, vier Minuten beschäftigt sich das Gericht mit ihr – einschließlich barscher Unterbrechungen und Zurechtweisungen. Es sind nur wenige – es wurde nachgezählt: 130 – Worte, die sie sagen darf. Der Ankläger schiebt ihr in die Schuhe, sie habe Männer rekrutiert und dem Feind Mannschaften zugeführt. Eine Mitangeklagte erinnert sich: Als Edith Cavell aufgerufen ist und darlegen will, dass sie sich nicht damit befasst hat, »Männer zu rekrutieren« und »dem Feinde Mannschaften zuzuführen«, schneidet ihr der Ankläger das Wort ab: »Gehen Sie zurück auf Ihren Platz!«

Was Edith Cavell auf französisch aussagt, wird auf deutsch protokolliert und dabei allerhand hineingebracht, was ihr mit juristischen Tricks den Hals brechen soll. Auch die Prinzessin Croy ist angeklagt. Ob sie nicht gewusst habe, dass mit ihrer Unterstützung die Flüchtlinge besetztes Gebiet verließen? Die Antwort ist kurz und bringt einen der Berliner Vampire, der offensichtlich die Angeklagte vor der Aussage bearbeitet hat, in Wut, denn die Prinzessin antwortet: »Wie man mir angeordnet hat zuzugeben.« »Haben Sie nicht gewusst, in welche Gefahr Sie sich dadurch begaben?«, fragt der Ankläger drohend. Die Prinzessin antwortet: »Man muss seine Pflicht tun, ohne an die Folgen zu denken.« Die Prinzessin verzichtet auf jegliche Selbstverteidigung und setzt sich für Edith Cavell ein: »Wenn hier jemand bestraft werden soll, dann wir, doch nicht sie!« Auch ein vierzehnjähriger Junge steht vor Gericht. Er wurde bereits unzählige Male verhört. Ihm wird als erstes mit zehn Jahren Zuchthaus gedroht: Hat er nicht gesehen, wie einer der Angeklagten, Philippe Baucq, die Zeitschrift ›La libre Belgique‹ – ›Freies Belgien‹ – verteilt hat? Die Muttersprache des Jungen ist englisch, er kann dem Verhör kaum folgen. Der Ankläger fasst zusammen: Alle sind »des Hochverrats« schuldig. Er fordert nicht allein die Todesstrafe, sondern Tod *und* ein Jahr und acht Monate Zuchthaus für Philippe Baucq, der die Zeitschrift ›La libre Belgique‹ verteilt hat, für zahlreiche andere »nur« die Todesstrafe. Einer der Angeklagten schreibt auf, was er dabei empfindet: »Es ist schwer, das Gefühl zu erklären, wenn man hört, man solle zum Tod verurteilt werden. Die erste Reaktion ist eine Art Lähmung, dann Überraschung, dann Zweifel, gefolgt von Resignation. Aber mit jedem Kreuz wird auch die Stärke gegeben, es zu tragen.«

Montag, 11. Oktober 1915. Am späten Nachmittag hören die Gefangenen das deutsche Wort »Todesstrafe« fünf Mal. Auch für Edith Cavell: Tod. Nach der Verlesung des Urteils schaut einer der Verurteilten um sich: »Ich sah Miss Cavell, die sich gegen die Wand lehnte, gefasst und bewegungslos. Ich ging zu ihr und sagte ein paar Worte der Hoffnung: ›Mademoiselle, stellen Sie ein Gnadengesuch!‹ ›Es ist sinnlos‹, antwortete sie ruhig, ›ich bin Engländerin, und sie wollen mein Leben‹.« Dazu bemerkt Prinzessin Croy, sie habe oft gehört, wie sich Deutsche, statt mit »Guten Morgen!« oder »Guten Tag!« mit den hasserfüllten Worten grüßten: »Gott strafe England!« Ein Pastor muss Edith Cavell die Nachricht in die Zelle bringen, wann sie erschossen werden soll. Sie erleichtert es ihm, indem sie ohne Umschweife fragt: »Wie lange werden sie mir geben?« Als sie hört: »Leider nur bis zum Morgen«, rötet sich für einen Augenblick ihr Gesicht, sie bleibt ganz ruhig. Edith Cavell verabschiedet sich von ihren Mitgefangenen mit einigen Worte: »Ich weiß, Patriotismus ist nicht genug. Ich darf keinen Hass und keine Bitterkeit gegen irgendwen haben.«

Die Besatzer unterdrücken die Nachricht von der Hinrichtung am kommenden Morgen. Ein amerikanischer Attaché in Brüssel – die USA treten erst nach der Hinrichtung Edith Cavells in den Krieg ein – erhält die Auskunft, das Urteil stehe noch nicht fest, obwohl das Todesurteil bereits verkündet und die Zeit der Hinrichtung im Morgengrauen festgesetzt ist. Doch Offiziere feiern bei offenem Fenster die bevorstehende Hinrichtung, was nicht zu überhören ist, und die Nachricht

von der ungewöhnlich schnellen Vollstreckung des Todesur-
teils verbreitet sich in Brüssel wie ein Lauffeuer. Eine Stunde
später macht sich der amerikanische Diplomat zusammen
mit dem Botschafter von Spanien und einem Rechtsbeistand
auf den Weg zum deutschen Hauptquartier. Der amtieren-
de deutsche Gouverneur sitzt im Theater. Nach dem Theater
weigert er sich, Gnadengesuche entgegenzunehmen und versucht, die drei abzuschieben. Morgen könne man weiterreden.
Schließlich muss er einräumen, dass die Hinrichtung im Morgengrauen bereits feststeht. Jetzt versteift er sich darauf, er
wäre nicht zuständig – das sei ein General von Sauberzweig.
Sauberzweig lehnt eine Verschiebung der Hinrichtung und
jeden Gnadenerweis ab. Ein Graf Harrach erklärt, es sei scha-
de, dass die Deutschen nicht mehr alte Engländerinnen zum
Erschießen hätten. Der spanische Botschafter ersucht, fleht
schließlich den Gouverneur an, den deutschen Kaiser, der sich
in der Nähe von Brüssel aufhält, anzurufen. Der Gouverneur
lehnt entrüstet ab.

12. Oktober 1915. Schwestern aus der Klinik in der Rue de
la Culture machen sich um drei Uhr morgens auf und gehen
zu Fuß kilometerweit zum Gefängnis. Sie stehen vor dem Tor
zwei Stunden im Regen. Dann öffnet sich das Tor, zwei Autos
fahren heraus. Im ersten sitzt Edith Cavell zwischen Soldaten mit Pickelhauben. Auf dem Schießgelände vollendet sie
schnell und nach außen ruhig ihr Tagebuch:

Verhaftet 5. August 1915.
Kriegsgericht 7. Oktober 1915; 8. Oktober 1915.
...
Gestorben um 7 Uhr am 12. Oktober 1915.

Edith Cavell wird an einen Hinrichtungspfahl vor der Mauer
des Schießgeländes gefesselt. Der Soldat, der ihr die Augen ver-

bindet, sagt später, ihre Augen seien mit Tränen gefüllt gewesen. Gottfried Benn – der Dichter – ist als amtierender Militärarzt Augenzeuge und berichtet, dass Edith Cavell zusammen mit dem Ingenieur Baucq zur Erschießungsstätte geführt wurde. Edith Cavell schweigt, aber Baucq ruft: »Nach dem Tod sind wir alle Brüder!« Worauf der Kriegsgerichtsrat Stoeber den Befehl zum Losschießen brüllte. Die Gewehre der ihren Opfern ganz nahe stehenden Soldaten gingen los. Mit zerfetzter Brust fielen die Erschossenen hin.

Ein Grab wird Edith Cavell verwehrt. Sie wird auf dem Schießgelände verscharrt. Schon am 21. Oktober, »Trafalgar Day«, wenige Tage nach Edith Cavells Hinrichtung, erklärt der Bischof von London in Saint-Martin-in-the-Fields vor einer großen Menge: »Eins haben die Urheber dieses Verbrechens nicht bedacht: Es hat die Frage nach der Rekrutierung unserer Truppen erledigt. Einen Zwang zur Rekrutierung wird es nicht mehr geben.« Die Zahl der Freiwilligen verdoppelt sich. Nicht zuletzt ist es auch die Erschießung Edith Cavells, die zum Abbruch der diplomatischen Beziehungen zwischen den USA und Deutschland führt, dem der Kriegseintritt der Vereinigten Staaten folgt und endlich der Zusammenbruch der preußisch-deutschen Militärmonarchie. Bis dahin gehen Erschießungen weiter. Als letztes Opfer unter belgischen Zivilisten im Ersten Weltkrieg wird Yvonne Vieslet genannt. Sie hatte versucht, einem französischen Kriegsgefangenen etwas Brot zuzuwerfen: Das zehnjährige Mädchen wird am 12. Oktober 1918 von einer Wache erschossen, auf den Tag drei Jahre nach Edith Cavell. Im November ist der Spuk der Militärmonarchie zu Ende. Der deutsche Kaiser und König von Preußen flieht selbst nach Holland. General Traugott von Sauberzweig – nach Edith Cavells Hinrichtung zum Chef des Stabs der 18. Armee befördert – bezeichnet sich selbst als »Mörder« und nimmt sich nach dem Kriegsende das Leben.

Im Frühjahr 1919 werden Edith Cavells Überreste in Brüssel geborgen und nach London in die Westminsterabtei überführt. In Dover wird der Sarg mit »Grandsire Triples« empfangen, einem Glockenspiel, bei dem Virtuosen die Glocken von Hand anschlagen: Sie läuten mit 5040 Schlägen drei Stunden und drei Minuten lang. In London wird der Sarg durch menschengesäumte Straßen zur Trauerfeier nach Westminster geleitet. Dort soll Edith Cavell auch beigesetzt werden, doch ihre Angehörigen wünschen die Bestattung in ihrer Heimat Norfolk. Seit 1919 ruht Edith Cavell in einem Ehrengrab vor der Kathedrale von Norwich. Der kleine Friedhof heißt »Life's Green«: »Lebenswiese«. Jackie, Edith Cavells Hund, war nach der Erschießung seiner Herrin ins Schloss der Prinzessin Croy gekommen, wo er »wie ein Lord« bis an sein Ende lebte. Jackie starb 1923, wurde einbalsamiert und zu seiner toten Herrin nach Norfolk gebracht. Das Grab der stillen Krankenschwester vor der Kathedrale von Norwich ist von roten und weißen Blumen umblüht, und »noch heute, Jahrzehnte nach dem Tode Edith Cavells, vergeht kaum ein Tag«, an dem nicht »ihre Denkmäler in den Hauptstädten Frankreichs, Großbritanniens und Belgiens mit frischen Blumen geschmückt werden«.

Nachdem 1923 das erste Cavell-Denkmal in London errichtet ist, vollendet der Dramatiker George Bernard Shaw sein Schauspiel »Die Heilige Johanna« (mit Parallelen zu Edith Cavells Schicksal: Heißt es bei »Edith« – wie sie Shaw nennt – »Die Cavell muss an die Mauer«, so bei Johanna: »Ins Feuer mit der Hexe!« Begeht Sauberzweig nach Ediths Hinrichtung Selbstmord, so wütet der Scharfmacher Stogumber, der Johanna auf den Scheiterhaufen zerrt, nach ihrem Tod gegen sich selbst). Shaw fordert im Vorwort zu seinem Drama, dass Edith nicht als patriotische britische Johanna von Orleans vereinnahmt werden darf und wirft den britischen Behörden vor, dass sie Ediths Abschiedswort unterschlagen. Für Shaw verbindet nicht »Patriotismus« Jeanne d'Arc und Edith Cavell, sondern ihrer beider »Erz-Ketzerei«: Beide handelten nicht nach dem, was andere – sondern *was sie selbst* für richtig hielten. Johanna folgte ihren »Stimmen«, und Edith einem sanfteren Gesetz als dem der Kriegsherren. »Edith war«, schreibt Shaw, »wie Johanna eine Erzketzerin: Mitten im Krieg erklärte sie vor aller Welt ›Patriotismus ist nicht genug‹. Sie pflegte Feinde gesund und half deren Gefangenen zu entkommen, und sie ließ niemand im Zweifel, dass sie jedermann in Not helfen würde ohne zu fragen, zu welcher Seite er gehörte.« Shaw verlangt daher von der britischen Regierung, Edith Cavells Abschiedswort noch nachträglich auf dem Londoner Monument anzubringen. Er steht nicht allein. Dame Anna Neagle verkörpert Edith Cavell in einem Film und fasst den Kern ihres Wesens – wie sie ihn verstand und darstellen wollte – in einem Wort zusammen: »Sie sah, da waren Leute, die ihre Hilfe brauchten, und sie gab sie ihnen instinktiv«; ihr Handeln war ohne viele Worte begründet in hilfreicher Mitmenschlichkeit und nicht bestimmt von vordergründigem Patriotismus. Shaw siegt! Das britische Kabinett nimmt seine Forderung ernst und lässt auf dem Cavell-Denkmal in London noch nachträglich die Inschrift anbringen: »PATRIOTISM IS NOT ENOUGH«. Inzwischen gilt Edith Cavells Abschiedswort neben Lord Nelsons Tagesbefehl vor der Schlacht von Trafalgar – »England erwartet, dass jedermann seine Pflicht tut« – als »das häufigst gebrauchte Zitat in englischer Sprache«.

Im Zweiten Weltkrieg wird Belgien wieder besetzt. In Brüssel stürmen 300 deutsche Soldaten mit aufgepflanzten Bajonetten das Hospital, das Edith Cavell geleitet hat und das in »Institut Cavell« umbenannt ist. Sie poltern durch die Krankenzimmer und suchen einen belgischen Major. Die Oberschwester erwidert einem Offizier auf seine Frage, wo dieser Mann steckt: »Er hat uns vor einer Woche verlassen.« Der Offizier herrscht sie an: »Wussten Sie denn nicht, dass er der Bruder eures Königs war – Charles?« Edith Cavells Nachfolgerin antwortet ihm: »Ich habe den Major nicht nach seinem Namen gefragt«.

Gertrude Bell

Die Königin der Wüste

*ertrude Lowthian Bell wird 1868 als Tochter eines In-
dustriemagnaten im Norden Englands geboren. Sie ist eine der ersten
Frauen, die in Oxford studieren, ihre Fächer sind Orientalistik und
Archäologie; ihre Übertragung des persischen Dichters Hafis ins Englische gilt als die beste. Frühen Ruhm erringt sie als Bergsteigerin. Im
Berner Oberland wird einer der schönsten Gipfel nach ihr benannt –
wie später auch eins der bedeutendsten Museen der Menschheitsgeschichte in Bagdad. Die Arabische Wüste, vor der selbst die erfahrens-
ten Forscher zurückschrecken, durchquert sie als Erste. Grenzenlos
wie ihr Mut ist ihre Liebe zu dem Diplomaten und Offizier Daughty-
Wylie, doch »Dick« fällt bei einem Todeskommando. Sie plant mit
T. E. Lawrence den Aufstand der Araber gegen die Osmanen. Nach
dem Ende der Osmanenherrschaft trägt sie maßgeblich dazu bei, das
alte Königreich Harun al Raschids in Bagdad wiedererstehen zu lassen. Ihr Schützling Feisal wird der erste König. Nachdem 1826 die
Garantieverträge für den Irak unterzeichnet sind, folgt sie »Dick« freiwillig in den Tod.*

Welch ungewöhnliches Foto: Sechs Männer – unter ihnen ein König – sitzen in der Wüste in Burnussen, mit Tarbusch oder mit Tropenhelmen und Nackentuch, die vor sengender Sonne und Sand schützen sollen. In ihrer Mitte eine Dame mit Halskette, einem Schal, elegant über die Schulter drapiert, breitem Hut; Tafelsilber und Teegeschirr – Picknick nach feiner britischer Art, und das auf dem harten Fels der schattenlosen Arabischen Wüste. Die Engländerin, die mit nahezu unbegreiflicher Disziplin an britischer Tee-Etikette mitten in der Wüste festhält, stammt aus einer steinreichen Industriellen- und Adelsfamilie: Gertrude Bell ist 1868 im nordenglischen Washington geboren, auf einem Landsitz nahe dem Stammhaus der Vorfahren des ersten Präsidenten der Vereinigten Staaten.

Als das Mädchen mit den blaugrünen Augen und dem roten Haar drei Jahre alt ist, stirbt die Mutter. Gertrude vergöttert ihren Vater, den Kohlen- und Stahl-Baron Hugh Lowthian Bell – er ist ein gütiger, liebevoller Vater. Sie verinnerlicht seine Maxime: »Hindernisse sind dazu da, überwunden zu werden«. Erziehung zur höheren Tochter mit Klavier, Gesang, Reiten, natürlich im Damensattel. Früh zeigt Gertrude Willenskraft, Freiheitsdrang und auch Mut zum Widerspruch. Als ihr Großvater zum Baron erhoben wird, erklärt sie: »Er hat es verdient, ich wünsche mir nur, es hätte ihm angetragen und abgelehnt werden können.« Gertrude hat die körperliche Kraft einer Spitzensportlerin. Sie ist hochbegabt, mutig, abenteuerlustig und reich. Was macht sie aus ihrem Leben? Statt als Debütantin drei Winter in der Londoner Gesellschaft durchzutanzen – nach der dritten Saison wird erwartet, dass sich eine Debütantin verlobt hat –, setzt sie durch, dass sie als eine der ersten Frauen in Oxford studieren darf. Bei den Vorlesungen sind Studentinnen noch in einer Ecke des Hörsaals versteckt. In Deutschland weigern sich Professoren, überhaupt Vorlesungen zu halten, wenn eine einzige Hörerin im Saal zu sehen ist.

Die Lehrmeinung ist, Studium sei für Frauen »eine Überbeanspruchung des Hirns« mit einem »Nachlassen der Fortpflanzung als Folge«. Gertrude studiert vor allem Archäologie mit Schwerpunkt Naher Osten.

Harte Jahre in Oxford: All die Werke, die gelesen, all die Seminararbeiten, die geschrieben, all die Prüfungen, die abgelegt werden müssen! Doch wer hier studiert, wird nicht mit vorgegaukelter »akademischer Freiheit« allein gelassen, sondern kann auf Betreuung, Rat und Hilfe seiner Lehrer bauen.

Eine Verschnaufpause im Sommer. Gertrude Bell reist zum ersten Mal ins Ausland: zu einer deutschen Familie im oberbayerischen Weilheim, am Fuß der Alpen. Später ist sie in Berlin im Theater in der Kaiserloge (ihr Onkel ist britischer Botschafter) und muss sich anhören, wie der taktlose Hohlkopf Wilhelm II. schwadroniert, Shakespeare würde nur in Deutschland aufgeführt und verstanden. In zwei Jahren bewältigt Gertrude ein Studienpensum, zu dem andere drei und vier Jahre brauchen. Zwar besteht sie die Abschlussprüfungen mit Auszeichnung, aber als Frau erhält sie kein Diplom; das kommt in Oxford erst eine Generation später.

Wie viele ihrer Landsleute reist sie ins Schweizer Hochgebirge. Im Rosenlaui stechen ihr die Engelhörner ins Auge, schroffe, dolomitenartige, hinreißend schöne Bergspitzen. Abenteuerlust packt sie, sie möchte ihre Kräfte mit Männern messen: Diese Engelhörner will sie besteigen. Nicht nur besteigen – sie wünscht sich, dass eine dieser Bergspitzen ihren Namen trägt. Ist es, wie sie fürchtet, ein alberner Wunsch? Sicher ist es ein Wunsch, der angesichts dieser bildschönen Berge allzu verständlich ist. Nahezu ohne Ausrüstung besteigt sie die Engelhörner – die »Gertrudenspitze« trägt heute wirklich ihren Namen! Sie wagt sich auch an die extrem steile Felswand des Finsteraarhorns. Dreiundfünfzig Stunden am Seil, bei Gewitter mit blauzuckenden Blitzen, ihr stählerner Eispickel wird als Blitzfänger lebensgefährlich! In der Nacht kauert sie sich auf einen spitzen Felsvorsprung im Eisregen. Es sind kaum mehr vorstellbare Strapazen, die sie achselzuckend, mit einem Lächeln, abtut; sie hat es mit Männern aufnehmen wollen – und war besser als sie: Ulrich Fuhrer, der erfahrene Bergsteiger und Bergführer im Berner Oberland – noch heute spricht man in Meiringen am Fuß der Engelhörner mit Achtung von ihm – räumt ein: »Wenn sie nicht so mutig und entschlossen gewesen wäre, wären wir alle umgekommen.« Gertrude erntet frühen Ruhm als Alpinistin: Selbst wortkarge Schweizer sprechen sie an, ob sie nicht *die* Gertrude Bell sei, die Engelhorn-Besteigerin, und sie – eine Frau – wird eingeladen, an der nächsten Himalaya-Expedition teilzunehmen.

Doch jetzt zieht es sie in die Wüste: Sie vermisst persische Kaiserpaläste und früharabische Ruinen, reitet nach Petra, »eine Märchenstadt, rosa und wunderbar ... ganz Rokoko«, und veröffentlicht einen umfassenden Reise- und Forschungsbericht, den ›The Times Literary Supplement‹ als »faszinierend« beschreibt: »Frauen sind vermutlich die besten Forschungsreisenden ... sie haben mehr Ausdauer ... fraglos sind sie die besseren Beobachter und nehmen neue Eindrücke schneller auf«. Gertrude wagt sich auch daran, den persischen Dichter Hafis zu übersetzen. Seither haben sich viele »Hände« an Hafis versucht. Ihre Übertragung gilt bis heute als die beste:

> *Light of mine eyes and harvest of my heart,*
> *And mine at least in changeless memory!*
> *(Licht meiner Augen, meines Herzens Frucht,*
> *Mein unvergänglich in Erinnerung!)*

Es klingt wie eine – es *ist* eine Prophetie: Diese Verse von Hafis deuten Gertrudes Zukunft voraus: Beflügelt von guten Kritiken ihrer Bücher (»brillant«, schreibt die ›Times‹) reist sie wieder in den Nahen Osten. Im türkischen Konia besucht sie das Grab des Dichters Dschelaleddin Rumi und liest die Inschrift: »Höre die Rohrflöte klagen: Sie brachen mich im heimatlichen Schilf, und meine Stimme ist sehnsuchtsvoll, traurig und tief.«

In Konia lernt sie (am 11. oder 12. Juli?) 1907 den hochdekorierten britischen Gardeoffizier und Diplomaten Doughty-Wylie kennen; sie nennt ihn »Dick«. Er hat unter Einsatz seines Lebens Tausende von Armeniern vor den türkischen Verfolgern gerettet. Die Begegnung mit »Dick« ist *das Ereignis*, »das größte Geschenk« ihres Lebens. Er ist ein Mann, wie sie ihn sich erträumt hat, ehrlich, zuverlässig, witzig, charmant, belesen, sensibel, lebenshungrig. Doch Dick ist – wenn auch unglücklich verheiratet – so doch verheiratet. Gertrude verabscheut Untreue und jede Geheimniskrämerei. So bliebe nur eine Scheidung; sie bedeutet Skandal und das Ende seiner Laufbahn. Zunächst bleibt also nur »gemeinsam allein sein«. Gertrudes Begegnungen mit Dick sind selten und kurz. Dicks Frau ist allgegenwärtig. Dick wird als eine Art Feuerwehrhauptmann des Außenministeriums in immer neuen Missionen ins Ausland geschickt. In der Spannung zwischen »geistiger« und »körperlicher« Liebe beginnt ein Briefwechsel – darunter Briefe, die zu den schönsten gehören, die sich je Liebende geschrieben haben. (Ein großer Teil des frühen Briefwechsels ist nicht mehr greifbar, er wurde aus Familienrücksichten verbrannt.) Gertrude Bell hofft gegen alle Hoffnung.

Allmählich formt sich ein Plan, den sie jedoch nicht zulässt, so außergewöhnlich und gefährlich erscheint er sogar ihr: Im Herzen der Arabischen Wüste gibt es eine Stadt der »Türme und Gärten«, Ha'il, die Hauptstadt des Emirs Ibn Raschid. Noch ist es ungewiss, ob die Raschid oder die Ibn Saud die Vorherrschaft in Arabien gewinnen. Vielleicht kann sie beide treffen, Ibn Raschid und Ibn Saud?

Wie eine Fata Morgana steigt das Bild von »Ha'il« vor ihr auf. Jahrelang hegt sie ihren Plan, verwirft ihn, plant das Abenteuer neu und verwirft es wieder. Dann hält sie es nicht mehr aus. Sie bricht auf nach Ha'il, es ist eine Flucht in die tiefste Wüste. Für Männer – ein Todesritt. Und für eine Frau? Die Wüste riecht nach Blut. Raub, Überfälle sind Alltag. Die Stämme befehden sich in ewiger Blutrache. Wird sie – bestenfalls – in einem scheichlichen Harem enden?

Von einem arabischen Geschäftsmann kauft sie in Damaskus eine Schuldverschreibung zugunsten des Emirs Ibn Raschid in Ha'il, der aufgrund dieser Garantie und Bürgschaft dann seinerseits ihr Geld geben müsste. Sie nennt es ein Akkreditiv, Vorläufer der Travellerschecks. Vor dem waghalsigen Ritt schreibt sie noch an einen lebenslangen Freund, Sir Valentine Chirol:

»Ich möchte alle Verbindungen mit der Welt abbrechen ... Der Weg durch die Wüste und die Morgendämmerung, die Sonne, der Wind ... das Lagerfeuer unter den Sternen und Schlaf und wieder der Weg durch die Wüste«: Sie hofft, dass diese Erfahrung sie »heilen« wird ... wenn nicht das, was dann? »Wenn Du wüsstest, wie ich in den letzten Monaten den Weg durch den Abgrund der Hölle gegangen bin, würdest Du mir recht geben, dass ich jeden Ausweg versuche.«

Im November 1913 tastet sie sich an den Rand der arabischen Wüste heran. Zwanzig Kamele sind hoch beladen, denn auch ein hölzerner Esstisch muss mit, eine Stoffbadewanne mit Schwämmen, Klappstühle und Küchengerät für den Koch. So zieht eine Lady auf eigene Faust dem Innersten der Arabischen Wüste entgegen, das bisher kaum ein Europäer betreten hat: Selbst ein bedeutender Erforscher Arabiens war schließlich vor dieser Wüste zurückgeschreckt und auf seiner eigenen Spur zurückgeritten – und wurde auf dem Rückweg ermordet. Ein anderer Forscher hatte in dieser Wüste Selbstmord begangen. Aus der Hölle ihres Herzens – der inneren Hölle ihrer verzehrenden, unerfüllten Liebe – reitet sie in die Hölle dieser Wüste, die sie weniger schreckt. »Unsere Herzen werfen keinen Schatten auf sie, und sie spürt nicht unsre schweren Schritte … ich wandere weiter durch das Sonnenlicht … das ist das Beste, was ich daraus machen kann, zumindest lehrt mich die Einsamkeit etwas Weisheit, lehrt mich Ergebenheit, und wie Schmerz – ohne dass ich aufschreie – zu ertragen ist.«

In der Weite der Arabischen Wüste beginnt sie ein Tagebuch für Dick, ihren unerreichbaren Geliebten, dem sie darin ihre Durchquerung der Arabischen Wüste von West nach Ost schildert: »Ich habe den Faden durchschnitten. Ich kann nichts mehr von Dir hören oder von sonst jemand … der einzige Faden, der nicht durchschnitten ist, läuft durch dieses kleine Buch, das Tagebuch, das ich unterwegs für Dich führe.« Das Gebiet, das Gertrudes Karawane durchzieht, steht auf keiner Karte verzeichnet. Wo könnte die nächste Wasserstelle sein? Sie reitet weiter ins Niemandsland. Der Himmel scheint mit den Mutigen zu sein: Es gibt bald Wasser. Es regnet in diesem Winter von 1913 auf 1914 in der Wüste. Die Kamele trinken gierig silberne Pfützen aus. Wie gut riecht der nasse Sand, schreibt sie für Dick auf. Kleine Vögel zwitschern nach Herzenslust. Sogar eine wilde Geranie wagt sich hervor, nicht weniger mutig als eine Ringelblume, die ihr fröhliches gelbes Gesicht zeigt. »Die Erde dreht sich weiter, kleidet sich mit jeder Dämmerung in neue Schönheit und freut sich an sich selbst.«

Weiter ins Ungewisse: Sie erreicht ein Zeltlager der Howeitat. Ihr zu Ehren lässt der Scheich einen Hammel schlachten. Bevor das Essen beginnt, wird ihr als Delikatesse ein Auge des Hammels gereicht. Sie schließt die Augen, öffnet den Mund und – schluckt. Auf Kissen im fünfmastigen Zelt sitzt neben Gertrude Bell ein würdiger Scheich. Die weiße Kaffieh fällt über seine schwarzen Brauen, seine Augen funkeln. Wer im Zelt dieses Scheichs schläft, braucht »keine Angst zu haben«. Nur »keine Angst«, wohlgemerkt, dass der Gastgeber den Gast überfällt – nicht aber »keine Angst« vor Überfällen anderer Araber. Die lebenslange Gewohnheit, die Lebensaufgabe, gewissermaßen das Lebenselixier des würdigen Gastgebers ist, die Schammar zu überfallen, die ihrerseits den Howeitat auflauern. Schalen mit Kamelmilch – gekühlt vom Abendwind – machen die Runde. Sagen aus uralter Zeit werden zur Rababa, einer kleinen Laute, vorgetragen. Bei den Beduinen lebt noch die Erinnerung an das altarabische Nationalepos von Antar, einem Kämpfer und Dichter aus vorislamischer Zeit. Die Geschichte der Liebe von Antar und Ibla wird erzählt: Von Antar, der Ibla eine Schale windgekühlter Kamelmilch reicht – dabei blicken sie sich so gebannt voneinander in die Augen, dass die weiße Milch, die Antar Ibla reicht, sich aus der Schale über den roten Teppich im Zelt ergießt. Die Liebenden werden voneinander getrennt, und ohne Ibla wird Antar der Tag zur Nacht ...

Am Morgen brechen die Howeitat ihre Zelte ab und ziehen westwärts. Gertrude reitet nach Südost durch die Wüste, die »leer« ist, »den Räubern überlassen«. Sie ist noch »zwanzig Nächte« von Ha'il entfernt. Von einem Howeiti auf Antilopenjagd hört sie, dass fünf Stunden in östlicher Richtung ein Scheich mit seinen Arabern zu finden sei. Weil dieser Scheich ohne Zweifel von ihrer Karawane erfahren wird, hält sie es für besser, ihn aufzusuchen. Sie hofft, dadurch einem Überfall zu entgehen. Der Scheich hat nur ein Auge, mit dem er aber doppelt gut all das sieht, was er haben will: »... ein Gauner reinsten Wassers, verflucht von seinen beiden Eltern ... Außerdem ist er einäugig – Allah möge ihm auch das andre Auge rauben!« Sein Auge fällt auf ihr Fernglas. Bis zum Einbruch der Nacht hat sich Gertrude mit ihm geeinigt, dass sie ihm einen Revolver schenkt. Dafür gibt er ihr einen Führer mit. Am nächsten

Morgen droht er, sie ohne Begleiter fortzuschicken und in der Nacht zu überfallen – wenn er nicht auch das Fernglas bekommt. Am Ende ist sie ihren Revolver und ihr Zeißglas los. Es gilt das Gesetz des Stärkeren.

Wenn die Kamele rasten, steigt sie auf Steinhügel und sieht gleißende Sanddünen und schwarze Felsmassen, so weit das Auge reicht. »Aber was für eine Welt! Unglaubliche Einsamkeit – von Gott und Menschen verlassen, so sieht es aus, und so ist es auch.« Schwarz, leblos, windgepeitscht liegt die Nedschd vor ihr – »Wir sind in der Hölle angekommen«, sagt ihr Koch. »Inschallah, wir sind vogelfrei«, trägt sie in ihr Tagebuch ein. Weiter durch die Wüste, tagelang, »rauf und runter« im tiefem Sand, während Gertrude droht, in Verzweiflung zu versinken: Ihr Leben – ein Ritt durch die Wüste. Bringt sie der Ritt nach Ha'il ihrem Geliebten näher? Warum all die Strapazen dieser abenteuerlichen Reise? Was herauskommt, das ist doch bloß – ja, was? Durch ihre Kartographie werden ein paar Berge mehr in der Landkarte eingetragen sein, ein paar Namen mehr werden bekannt, ein paar Wadis und Brunnen: »Diese Überlegungen entmutigen ... und ich fürchte, sie kommen der Wahrheit gefährlich nahe. Ich wünsche fast, dass etwas passiert, etwas Aufregendes, ein Überfall oder ein Kampf! Es ist langweilig, eine Frau zu sein, wenn man in Arabien ist.«

Da tauchen – zuerst mehr zu ahnen als zu sehen – die halbmondgezierten Minarette über den Zinnen einer Stadt aus dem arabischen Mittelalter am Horizont der Wüste auf. Gertrude klettert auf einen Felsen oberhalb ihres Zelts und erspäht von diesem Aussichtspunkt aus die Türme und Gärten von Ha'il.

2. März 1914. Die Ankunft in Ha'il lässt sich gut an ... zu gut. Drei Sklaven des Emirs kommen ihr entgegengeritten und versichern: Ibrahim, der Onkel und Wesir des Emirs, heiße sie hochwillkommen. Der Emir selbst weile auf Kriegszug.

Gertrude wird in einer Sommerresidenz des Emirs untergebracht. Endlich erscheint Ibrahim, »in großem Staat«, mit strahlendem Lächeln – ein intelligenter Mann mit einem ruhelosen Blick. Beim Gehen, zwischen Tür und Angel, erwähnt er, der Besuch einer Christenfrau in der Stadt stifte bei der Geistlichkeit Unzufriedenheit; mit anderen Worten: Sie steht unter Hausarrest. Fürchtet die Geistlichkeit ihren Anblick? Einen Tag lang geschieht nichts. Gertrude wartet. Schließlich lässt sie dem Wesir melden, sie möchte seinen Besuch erwidern. Ibrahim lässt ihr ausrichten, sie könne kommen – nach Einbruch der Dunkelheit, er werde eine Eskorte schicken. Endlich steht sie im großen Roschan, im Empfangssaal des Palasts, einem prachtvollen Raum, in dem steinerne Säulen ein hochragendes Dach stützen. Die Wände sind weiß getüncht, der Boden glänzt wie poliert. Die ganze Gesellschaft sitzt nach arabischer Sitte an den Wänden entlang auf Teppichen und Kissen, Gertrude zur Rechten des Wesirs, und die Rede ist von der Stammesgeschichte der Schammar im Allgemeinen und der Raschid im Besonderen. Ibn Raschid – Anführer der Schammar – und Ibn Saud – Anführer der Wahabiten – kämpfen um die Macht in Arabien. Die neusten Schammar-Geschichten werden erzählt, sie handeln alle von Mord und Totschlag. Gertrude präsentiert ihr Akkreditiv, ihren Geldbrief. Ibrahim lächelt. Es geschieht nichts. Ibrahim lehnt es offenbar ab, die Garantie – in Abwesenheit des Emirs – zu übernehmen. Weiterhin quälendes Warten. Es zieht sich solange hin, bis sie mittellos dasitzt und einige ihrer Kamele verkaufen muss. »Das Gerücht geht um, dass die Drahtzieherin dieser ganzen Unannehmlichkeit die Großmutter des Emirs ist, Fatima, vor der Ibrahim eine höllische Angst hat«, notiert Gertrude. Sie sitzt mittellos fest und steht unter ständiger Bewachung. Soll sie ausbrechen – wohin? Um sie herum herrschen blutige Stammesfehden: Nach einer durchgrübelten Nacht verlangt sie eine Privataudienz bei Ibrahim. Der Wesir empfängt sie im Schutz der Dunkelheit, aber eine definitive Antwort auf ihre Fragen: Wann kann sie abreisen? Wann bekommt sie ihr Geld? – das gibt es nicht. Es bleiben nur »Zweifel und die Angst« und »Fatima, ihre Intrigen hinter den Palastmauern spinnend, Ibrahim mit seinen lächelnden Lippen und seinem ruhelos verschlagenen Blick«.

Endlich erhält Gertrude eine Audienz bei der Mutter des Emirs. Sie reitet »feierlich durch die stillen, mondbeschienenen Straßen dieser merkwürdigen Stadt« und verbringt zwei Stunden »direkt aus Tausendundeiner Nacht mit den Frauen des Palasts« – unter »Frauen, in indische Brokatstoffe gehüllt, mit Juwelen behängt, von Sklaven bedient«. Nichts verrät die Existenz Europas außer ihr! Einige Frauen des scheichlichen Hauses sind Schönheiten: »Sie gehen von Hand zu Hand – der Sieger nimmt sie. Und denke Dir, seine Hände sind rot vom Blut ihrer Ehemänner und Kinder!« Auf die Audienz folgt verschärfte Haft. Auch Gertrudes Kamele werden weggetrieben. Als der Obereunuch erscheint, fordert sie ihr Geld und verlangt, »abreisen zu dürfen«. Das wird abgelehnt. Plötzlich steht sie ohne Entschuldigung oder Erklärung mitten im Gespräch auf und verlässt den Raum. Unerhört, solch ein Benehmen erlaubt sich nur ein Herrscher! Die Araber sind verwirrt: Eine Stunde später kommen die Kamele. Als es dunkel wird, kommt der Eunuch mit einem Beutel voll Gold und der Erlaubnis zu gehen, wohin sie wolle. Außerdem wird ihr erlaubt, Stadt und Palast bei Tageslicht zu besichtigen und zu fotografieren, was sie gründlich tut. Danach reitet sie Nordnordost in Richtung Bagdad.

In sicherer Entfernung begegnet sie einem Araber, der sie fragt, ob sie schon das Neueste aus Ha'il gehört habe, beispielsweise das mit Ibrahim? »Was ist mit Ibrahim?« erkundigt sie sich. Er sieht sie schweigend an und macht eine Geste mit seinen Fingern quer über die Kehle. Gertrude folgert: »Ich denke, die Raschids gehen ihrem Ende entgegen. Nicht ein erwachsener Mann ihres Hauses ist am Leben geblieben – der Emir ist erst sechzehn oder siebzehn, und alle andern sind kleine Kinder, so grausam ist die Familienfehde. Ich würde sagen, dass die Zukunft bei Ibn Saud liegt.« Damit hat sie Recht behalten. Ibn Saud überfällt Ha'il und begründet ein Königreich, das auch das Emirat der Raschid umfasst.

In Bagdad liegen bei der britischen Botschaft Briefe von Dick für sie. Er fragt: »Wo bist Du? Es ist, als schriebe ich an … einen Traum«. Er möchte ihr sagen – nein, laut herausschreien –, nachdem er eins ihrer Tagebücher erhalten hat: »… ich liebe es und ich liebe Dich. Ich küsse Deine Hände und Füße, geliebte Frau meines Herzens … mein Herz ist bei Dir«.

Einige Monate später ist Gertrude Bell in London. Sie erhält für ihre Durchquerung der Arabischen Wüste und ihre kartographische Arbeit eine Goldmedaille. Ihre kluge Analyse der Kräfteverhältnisse in Arabien wird grundlegend für die britische Politik im Nahen Osten und den – von T. E. Lawrence angeführten – arabischen Aufstand gegen die Osmanen im Ersten Weltkrieg.

Gertrudes Liebe zu Dick ist in langer Entfernung zu verzehrender Sehnsucht gewachsen. Sie sieht Dick wieder – nur wenige Tage: Der Erste Weltkrieg trennt Gertrude und Dick. Er wird zum Todeskommando nach Gallipoli in der Türkei abkommandiert. Ihr bleiben wieder nur Worte: »Ich stehe in Flammen und werde verzehrt. Dick, es ist unmöglich, so zu leben. Wenn alles vorbei ist, musst Du Dich bekennen. Du musst es wagen – bin ich es, die Dir Mut einhauchen muss, mein Soldat? Vor aller Welt fordere mich und halte mich für immer und ewig«. Was kann sie nur sagen, was kann sie noch sagen, um Dicks Herz zu erreichen und zu ergreifen? »Jetzt hör zu – ich werde Dir so nicht mehr schreiben. Nimm diesen Brief und lege ihn in die Nähe Deines Herzens, damit seine Wahrheit in den langen Monaten des Kriegs sich einen Weg zu Dir bahnen kann. Ich bin am Ende angelangt. Wenn Du mich liebst – nimm mich – wenn Du mich nur für eine Stunde begehrst, dann nimm diese Stunde, und ich bin einverstanden und werde alle Konsequenzen tragen ... und wenn Du stirbst, warte auf mich – ich habe keine Angst vor dieser letzten Reise; ich werde zu Dir kommen.« Ihre Liebe, schreibt sie dem Geliebten, ist »eine leuchtende Flamme, von ihrem Leben genährt«, und sie fasst ihre Liebe in einem Wort zusammen: »Ich lebe nur für Dich«. Ihre Briefe sind wie »Blutstropfen«, und ihre und Dicks Liebe sieht sie als Schöpfungsakt. Sie versteht und beschreibt sich als eine Frau, die niemand kennt außer Dick, »neu geboren, neu geformt aus unserer gemeinsamen Liebe ... Du hast ihr Leben eingehaucht ... Da Du sie gezeugt hast, darfst Du sie auch lieben ... Und das wirst Du auch«: Nährende Hoffnung, dass die Wahrheit ihrer Liebe Dicks Herz ergreifen und durchdringen wird; Hoffnung, die wächst – bis zu jenem Tag, an dem Dick als kommandierender Offizier beim Sturm auf die Dardanellen im April 1915 vor Gallipoli von einem Scharfschützen erschossen wird. Gertrude erfährt von seinem Tod beiläufig, bei einer Party. Sie flüchtet nach Hause, aufgewühlt von Reue über den Schmerz, den sie Dick bereitet hat, als sie sich weigerte mit ihm zusammenzuleben, solange er noch verheiratet war. Ein Albtraum verfolgt sie: Sie fällt in einen schwarzen Abgrund und hält ein Schwert an ihre Brust: »Und dann stürzten wir immer tiefer, ich und mein Schwert«.

Ach, jetzt ist alles so sinnlos. Es ist ein Traum-Leben, das Gertrude Bell nach Dicks Tod führt, bis sie wahr macht, was sie ihm versprochen hat: »... ich werde zu Dir kommen«; ein Traumleben in doppeltem Sinn. Sie geht durch dieses Leben wie durch die Schatten eines Traums – aber es ist auch ein traumhaftes Leben von orientalischer Pracht und Farbenfülle. Sie unterstützt in britischem Auftrag den arabischen Aufstand gegen die Osmanen und wird als »weiblicher Lawrence von Arabien« bekannt. Als der Aufstand geglückt ist, wird sie in den Strudel der Neugestaltung der arabischen Welt nach dem Zusammenbruch des Osmanischen Reichs hineingezogen. Sie wird zur britischen »Orientsekretärin« berufen – eine untertreibende Bezeichnung, die in titelträchtigem Amtsdeutsch wohl »Minister für orientalische Angelegenheiten« hieße. Ihr Sitz ist Bagdad. Nach dem Sieg über die Türken ist Mesopotamien zunächst britisches Protektorat: »Bagdad besteht aus Unmengen von Rosen und Glückwünschen. Sie freuen sich aufrichtig, von den Türken befreit zu sein.«

Ausgefüllte Tage, ausgefüllt bis zum Äußersten – oder Tage, die Gertrude Bell bis zum Äußersten ausfüllt, um nicht wach liegen zu müssen im Gedanken an Dick, den sie für immer verloren hat: »Bagdad, 22. Februar 1918. Liebster Vater, weißt Du, dass es heute abend genau drei Jahre her sind, dass Dick und ich Abschied nahmen ... ich habe jene vier Tage vor drei Jahren fast Minute für Minute neu durchlebt ... dieser Kummer wirft seinen Schatten auf alles, ich bin wie tot, was sonst alles angeht, ob ich nach Hause fahre, ob ich hier im Orient bleibe oder was sonst geschieht.« Von Bagdad aus überwacht sie die Vermessung von Stammesgebieten, verhandelt mit den Scheichs über Wasser- und Grenzfragen, verhindert die ärgsten Kopflosigkeiten der Behörden, die mit willkürlichen Staatsgrenzen uralte Stammesgebiete durchtrennen. Sie wird zuständig für die Kulturgüter, an denen Mesopotamien überreich ist, und begründet das mesopotamische Museum der Antike in Bagdad. So verrinnt ihr »Leben im Tod«, wenn es auch vom Glanz und all dem Pomp und der Pracht des Orients erfüllt scheint.

Gertrude Bell rückt in den Mittelpunkt der englischen und arabischen Politik in Bagdad. Sie hat das Vertrauen der Engländer und auch der Araber. Zu ihr kommen die Scheichs, wenn wieder ein Streit zu schlichten ist. Eine Abordnung dankbarer Stammesoberhäupter schenkt ihr eine wunderschöne Stute, aber natürlich darf sie keine Geschenke annehmen. Die Scheichs stecken die Köpfe zusammen und beschließen, ihr eine Wüstengazelle zu schenken. Wie schlägt man eine *Wüstengazelle* aus? »Aber ich mache mir nicht die Mühe vorauszuschauen. Es reicht, dass meine Arbeit jetzt hier ist. Es ist wunderbar, diese Zuneigung und das Vertrauen eines ganzen Volks um sich herum zu spüren.«

Gertrude Bell steigt zur Königsmacherin auf, die mithilft, das versunkene Reich des großen Kalifen Harun al Raschid wiedererstehen zu lassen. Es gibt zahlreiche Bewerber um den uralten Königsthron in Bagdad. Der Mann, den sie unterstützt, kommt aus der Arabischen Wüste. Er ist ein Sohn des Scharifs von Mekka, Prinz Feisal (jener König in ihrer Picknick-Runde in der Wüste). 1921 nimmt sie an der Konferenz von Kairo teil. Ein Foto zeigt sie vor den Pyramiden auf einem Reitkamel zwischen T. E. Lawrence und Winston Churchill. Pariser Haute Couture auf einem Wüstenkamel: Gertrude trägt eine flaumfederleichte Barett-Kreation mit einer Perlen-Agraffe und schwungvoll über die Schultern geschlungen ein elegantes modisches Etwas – eine Federboa? –, worunter ein Chiffon aus Seide hervorlugt. Lawrence, links, hängt auf seinem Kamel, Churchill, rechts, ist nahe daran, herunterzuplumpsen (was er übrigens auch tut). Sie hat keinen Blick für Winston Churchill oder Lawrence von Arabien. Ihr Mund lächelt nicht mehr. Erschöpfung, Fieber, Koliken häufen sich. Die Nächte, vor allem die stillen heißen Vollmondnächte in Bagdad, sind entsetzlich: Dick ... Wo ist Dick? »Ich lebe nur für Dich« – nein, es ist nicht die Arbeit, die sie krank macht.

Die Thronbesteigung des neuen Königs ist eine Märchen-
feier des Orients, bei der nicht nur ihr Schützling Feisal als
Nachfolger Harun al Raschids im Mittelpunkt steht, sondern
mit ihm auch im Glanz einer Tiara die »Königsmacherin« Gertrude Bell. Der neugebackene König beruft sie zu seiner Bera-
terin. Feisal betraut sie auch mit der Erforschung und Er-
haltung der Kulturgüter des Zweistromlands, des Reichs von
Babylon und Ninive, von Hammurabi und Assurbanipal, von
Semiramis und Nebukadnezar bis zu Harun al Raschid und
Sultan Saladin. Sie führt auch die internationalen Verhand-
lungen über das nordirakische Öl und die Pipeline zum Mit-
telmeer. Sie erfüllt ihre Aufgaben musterhaft, bis Ende Juni
1926 der ausschlaggebende Vertrag zur Garantie der Unabhängigkeit des neuen Königreichs Irak unterzeichnet wird. Sie
nimmt als Gast des Königs am Staatsbankett teil. Doch ihr
Herz – sucht Dick.

Am 12. Juli 1926 (es ist zu vermuten, dass dieses Datum in
einem besonderen Verhältnis zu Dick steht) wird sie in den
frühen Morgenstunden in ihrem Gartenhaus in Bagdad tot
aufgefunden – eine Überdosis Schlaftabletten: »Und wenn Du
stirbst, warte auf mich – ich habe keine Angst vor dieser letzten Reise; ich werde zu Dir kommen.«

Staatsbegräbnis unter Beteiligung des gesamten Kabinetts
und einer »großen Anzahl arabischer Wüstenscheichs«. Iraki-
sche Truppen säumen die Straßen. Unzählige Trauernde erweisen ihr die letzte Ehre, König Feisal benennt den Hauptteil
des Zweistromland-Museums in Bagdad nach ihr. Nun verbindet einen der schönsten Gipfel im Berner Oberland und
eins der bedeutendsten Museen der Menschheitsgeschichte in
Bagdad der Name der mutigen Frau aus dem englischen Norden, Gertrude Bell.

Frieda Kahle

Mutter Courage vom Gesundbrunnen

F rieda Kahle ist eine Berlinerin aus der Sperlingsgasse, *geboren 1894. In der »Kristallnacht« 1938 hört sie am Gesundbrunnen ein Kind auf dem Arm seiner Mutter wimmern; ein anderes Kind drückt sich verängstigt an seinen Vater: Sie versteckt in ihrer Zweizimmerwohnung die vier Juden sechs Jahre lang – bis zum Fall Berlins im Mai 1945. Kurz vor ihrem Tod 1981 erhält sie das »Bundesverdienstkreuz am Bande«.*

Die zierliche Frau, die am späten Nachmittag des 9. November 1938 zum Berliner Gesundbrunnen eilt, heißt Frieda Kahle. Sie ist Ende dreißig. Zurückhaltend modisch gekleidet. Sorgfältig gepflegtes Haar. Sie hat wache, flinke Augen – sie muss auch Augen für alles haben: Nach dem schweren Unfall ihres Mannes leitet sie allein einen Drahtverarbeitungsbetrieb. Sie beeilt sich nach Hause zu kommen, um ihren querschnittgelähmten Mann zu versorgen, und beginnt schneller zu gehen, denn auf den Straßen ringsum ist der Teufel los. Der Himmel rötet sich. Ein loderndes Feuer, Stichflammen aus der Synagoge an der Fasanenstraße. Schaufensterscheiben werden eingeschlagen. Glas zersplittert. Die Auslagen werden geplündert, Geschäfte ausgeräumt und Wohnungen demoliert. Vereinzelte Schüsse. Gellende Hilferufe. Schreie: »Juda verrecke!«

In Berlin hat die »Kristallnacht« begonnen. »Spontan« – wie es in der amtlichen Sprachregelung heißt – habe sich der »gerechte Volkszorn« gegen den »jüdischen Volksfeind« entladen. In Wirklichkeit ist der Überfall von langer Hand in der Zentrale der NSDAP vorbereitet worden. Nicht zuletzt geht es auch darum, die Summe von einer Milliarde Reichsmark von Juden für Rüstungszwecke zu erpressen. Um an die Macht zu kommen, hatte Hitler Friedensparolen benutzt: »Mit Hitler gegen den Rüstungswahn der Welt!«, doch in Wahrheit will er Krieg.

Am Gesundbrunnen sieht Frieda Kahle vier völlig verstörte Menschen: Ein kleiner Junge schreit auf den Armen seiner Mutter, und ein etwa Sechsjähriger presst beide Hände seines Vaters. Frieda Kahle versteht, es sind Juden, die nicht mehr weiterwissen. Der kleine Junge ist ungefähr zwei Jahre alt. Die Mutter beschwört ihn: »Sei still, Mäxchen, ich hab doch nichts!« Mäxchen wimmert weiter: »Ich hab so'n Hunger!« Es sind nur Sekunden, die über Leben und Tod dieser vier Menschen und Frieda Kahles eigene Zukunft entscheiden – ein Augenblick, der ihr Leben verändert, der Augenblick, in dem sie auf den kleinen Jungen zugeht. Sie hört sich selbst sagen: »Da musste was essen, Mäxchen. Was willste denn?« Mäxchen antwortet hungrig: »Alles!«

»Alles? Da wirste aber groß und stark! Komm mal her zu Tante Frieda!« Mäxchen streckt die Arme nach ihr aus, und sie hebt ihn hoch, streicht ihm übers weiche Haar und sagt entschlossen zu den wildfremden Menschen: »Kommt mit!« Die Eltern zögern. Sie wollen die Arierin nicht gefährden. Aber sie folgen Mäxchen, der sich an Tante Friedas Hals klammert, und sie beruhigt ihn, er brauche keine Angst zu haben und werde gleich etwas zu essen bekommen. Was er denn am liebsten hätte?

Vor einem hohen Mietshaus in der Ramlerstraße halten sie an. Frieda Kahle fürchtet, dass es auffällt, wenn alle zusammen zu ihrer Wohnung hinaufgehen. Sie bringt zuerst Mäxchen nach oben. Vom Fenster winkt sie die andern herauf. Einer nach dem andern steigen sie die Treppe hoch und verschwinden in der Wohnung mit dem Email-Schild »Kahle«.

Die zögernden Eltern setzen sich zu den Kindern an den Esstisch in der Küche, und Frieda Kahle füttert Mäxchen. Als Mäxchen schließlich satt ist, entschuldigt sie sich für ein paar Minuten; sie muss sich um ihren Mann kümmern – und die vier hören, wohl oder übel, Fetzen eines erregten Wortwechsels: »Die Stadt spinnt, Alfred!« – »Das sind doch Juden!« – »Weeß doch niemand!« – »Das merkt der Blockwart doch: Die werden abgeholt, und wir mit! Du willst doch nicht, dass wir draufgehen?« – »Und du willst doch nicht, dass die draufgehen! Also, ick nehm se!« Die vier schieben sich langsam von der Küche in den Gang. Der Vater, Hans, räuspert sich. Frieda Kahle kommt zur Tür. Hans sagt: »Wir gehen jetzt besser!«, und seine Frau Elsa: »Herzlichen Dank! Auf Wiedersehen!« Frieda entgegnet:

»Moment mal, wie habt ihr euch das vorgestellt: ›Wir gehen.‹ Wohin denn? Das Kind fällt ja um. Mit dem könnt ihr nicht lange herumziehen: Bleibt hier!«

Mäxchen ist schon im Stehen eingeschlafen, Frieda richtet als erstes für ihn ein Bett und dann eine Schlafstelle für die andern. Im Radio kommt die Nachricht: »Während die vom gerechten Volkszorn niedergebrannten Synagogen des jüdischen Volksfeinds noch rauchen, ordnete der Reichsminister und preußische Ministerpräsident Hermann Göring die sofortige Beseitigung aller an jüdischen Geschäften und Betrieben entstandenen Schäden durch die Geschädigten selbst oder auf deren Kosten an: Versicherungsansprüche verfallen der Reichskasse. Zudem wird dem jüdischen Volksfeind zur Wiedergutmachung eine Sühneleistung von einer Milliarde Reichsmark auferlegt.«

Die Geschädigten, Geplünderten und Zusammengeschlagenen müssen noch selbst »Sühne leisten« für das, was ihnen angetan wurde. Der Berliner Witz findet dafür rasch die Formel »Jude beißt deutschen Schäferhund!« – und der Volksmund nennt die Aktion vom 9. November 1938 auch »Reichskristallnacht«, wegen der zahllosen eingeschlagenen Schaufenster und gestohlenen Wertsachen.

Ein Drahtzieher und Scharfmacher ist Hermann Göring. In der Besprechung mit dem SS-Führer Heydrich nach der »Kristallnacht« gibt er zu Protokoll: »Mir wäre lieber gewesen, ihr hättet 200 Juden erschlagen und nicht so viele Werte vernichtet.« Heydrich antwortet: »35 Tote sind es.« Göring: »Ich werde den Wortlaut wählen, dass die deutschen Juden in ihrer Gesamtheit für die ruchlosen Verbrechen und so weiter, und so weiter eine Kontribution von einer Milliarde Mark auferlegt bekommen. Das wird hinhauen.«

Hans und Elsa, Sascha und Mäxchen bleiben bei den Kahles. Aus dem einen Essen werden Tausende. Die vier Menschen haben einen Unterschlupf gefunden in ungewisser Hoffnung, dass dieser Spuk einmal vorübergehen müsste. Aber er wird immer nur gespenstischer.

Die ständig wachsende Todesgefahr wird zum Alltag. Wie groß ist die Wohnung der Kahles? Um die 80 Quadratmeter. Zwei Zimmer; eins davon, das Eckzimmer, ist ziemlich groß, es hat eine Klappcouch. In der Küche wird auch gegessen. Es gibt noch eine Wäschekammer, von der eine schmale Treppe in den Hof führt. Die Wäschekammer wird die Höhle der vier »Geschlüpften«. Ein Hauch von Sicherheit, weil diese Kammer am Hinterausgang liegt. Sollte am Wohnungseingang vorne nach den vier gefahndet werden, dann haben sie noch – und es wird oft geprobt – eine Chance, über den Hinterausgang zu entkommen. Manchmal nimmt Frieda Kahle, die keine eigenen Kinder hat, auch Mäxchen durch den Haupteingang mit hinaus ins Freie. Es fällt in dem großen Mietshaus nicht weiter auf. Die Nachbarn wissen, dass Frau Kahle öfter Pflegekinder aufnimmt. Das Sozialamt gibt ihr Problemkinder in Pflege, so genannte »Sozialfälle« aus zerrütteten Ehen, gefährdete Kinder, von denen sie mit Stolz sagen kann: »Es ist aus allen was geworden.«

Vor allem muss Frieda Kahle jetzt Mäxchen und Sascha einschärfen, dass sie sich nicht selbst verraten: »Ihr sprecht nicht und gebt auch keine Antwort! Einen Namen müssen wir ändern, für alle Fälle. Mäxchen, das geht. Hans, Elsa, das geht. Aber Sascha, das ist zu exotisch. Sascha, jetzt musst du Günther heißen. Also wie heißt du?« – und Sascha sagt, dass er Günther heißt.

Immer wieder klingelt der Blockwart. Er verkauft nationalsozialistische Schulungsbriefe und hat dabei ein Auge auf die Wohnung. Er fordert Frau Kahle auf, auch das Sonderheft »Todfeind Juda« zu kaufen. Sie schließt alle Zimmertüren fest hinter sich und kramt nach Geld: »Klar, ich nehm eins, ich muss doch meine Juden schulen!« Der Blockwart lacht schallend los. Er ahnt nicht, dass ihm Frieda Kahle die Wahrheit gesagt hat. Aber trotz aller Verbote kommt Mäxchen Tante Frieda in den Gang nachgelaufen. Der Blockwart in der braunen Uniform, der mit zinngrauen Augen in den Gang späht, bedeutet Todesgefahr; sie sagt schnell zu Mäxchen:

»Mäxchen, sag schön ›Heil Hitler!‹ zu dem Onkel!« Mäxchen ruft folgsam hell und laut: »Heil Hitler!«

Die dunkelhaarige Elsa wird von Frieda Kahle mit Wasserstoffsuperoxyd blond gefärbt. Frau Kahle meint: »Jetzt biste ganz arisch blond. So blond wie die »He«!« »He«, das ist Helene Mayer, die Olympiasiegerin von 1936. Helene Mayer (nach der Jahrzehnte später die Hauptstraße im Münchner Olympiadorf benannt wird) ist Jüdin, aber in einem Schulbuch ist sie als Vorbild der germanischen Frau abgebildet – versehentlich.

Hans hilft Frieda mit den Büchern fürs Finanzamt. Elsa wäscht und bügelt. Sascha, jetzt Günther, arbeitet gern mit Silberdraht, den ihm Frieda aus der Werkstatt mitbringt. Sie kauft Schulbücher und setzt sich mit den beiden Kindern zusammen. Sascha kann schon lesen und schreiben. Mäxchen bringt sie es bei. Manchmal erzählt sie den Jungen aus ihrem eigenen Leben:

Geboren ist sie in Alt-Berlin, in der Sperlingsgasse. In ihren Geschichten kommen oft Soldaten vor. Preußen ist eine Militärmonarchie. Sonntags gibt's ein Standkonzert der Militärkapelle. Frieda ist ein kleines Mädchen – ungefähr so groß wie Mäxchen – aber mit stramm geflochtenen Zöpfen, mit einem langen Rock und hochgeschnürten Stiefeln. Sie hört die Marschmusik und rennt los. Versteckt in der Hand hält sie eine Zitrone. Sie läuft durch die Sperlingsgasse hin zu den Soldaten und schlüpft durch die Reihen der Zuschauer, bis sie vor der Musikkapelle steht. Dann beißt sie ganz langsam in die Zitrone und schneidet Grimassen. In den Gesichtern der Musiksoldaten zuckt es. Die Musiker in Uniform können sich das Lachen nicht verbeißen. Der erste falsche Ton, der erste »Frosch«, gluckst aus dem Bombardon. Der Marsch gerät aus den Fugen. Die preußische Militärkapelle spielt lärmend aus dem Takt. Alle lachen, nur der Kapellmeister läuft puterrot an. Nach der Marschmusik kommt die Tanzmusik auf dem

Hof. Frieda rennt und hüpft nach Hause zum Spielen auf dem Hinterhof. Der Leierkastenmann ist da! Er hat ein Holzbein vom letzten Krieg. Er stapft mit dem Holzbein auf sie zu – tok-tok-tok – und fordert sie galant zum Tanz auf. Er nimmt sie an der Hand und zeigt ihr die ersten Schritte. Walzer! Der Leierkastenmann hält ihre Hand fest, und sie tanzt und tanzt. Später tanzt ein Junge vom Hinterhof Walzer mit ihr, Alfred. Sie heiraten. Der Erste Weltkrieg geht zu Ende. Aber das Geld verfällt; Inflation. Die Geldscheine werden in Waschkörben herumgetragen. Dann Alfreds Unfall im Betrieb, als er einem ungeschickten Lehrling helfen will. Seither ist Alfred gelähmt. Jetzt der Terror der Nazis und wieder »Kadavergehorsam«. Trotz aller Unterdrückungen und Verfolgungen: Frieda Kahle macht den Kindern Mut. Ihre Geschichten schließt sie gern mit einem herzhaften: »Ick hab mir nie nischt jefallen lassen!«

Die vier sitzen im dunkelsten Winkel der Wohnung. Sie müssen stillhalten. Hitler ist in Polen einmarschiert – jede Chance zu entkommen ist geschwunden. Die Lebensmittel werden rationiert, Lebensmittelkarten eingeführt. Natürlich erhalten die vier keine Lebensmittelkarten. Aber Frieda Kahle führt einen kleinen ererbten Betrieb, in dem Draht – sogar Silberdraht – verarbeitet wird und auch Siebe und Nägel hergestellt werden. Damit kann sie auf dem Schwarzmarkt etwas zu essen besorgen. Ein Schulfreund ist als Schauspieler bekannt geworden. Er hat wegen häufiger Auftritte seinen PKW noch nicht abgeben müssen. Er kommt mit dem Auto früh am Morgen. Frieda verstaut Draht, Nägel, Siebe im Kofferraum. Ab und zu wagt sie, Mäxchen mit auf Hamsterfahrt zu nehmen. Im Morgengrauen hastet sie mit ihm die Hintertreppe hinunter zu der Seitenstraße, in der ihr Schulfreund Paul im Wagen wartet.

Bis zur Oder und nach Jüterbog knattern sie mit dem flotten Auto. Auf der Rückfahrt liegen im Kofferraum statt der Nägel und Siebe Kartoffeln, Eier, Butter, und an guten Tagen eine Gans oder ein Huhn, versteckt unter Theaterkostümen und Requisiten. Wenn es Kontrollen gibt, wird der beliebte Filmschauspieler meist gleich erkannt und durchgewinkt. Unterwegs singt er ebenso laut wie schön: »Es geht alles vorüber / Es geht alles vorbei / Und erst geht der Führer / Und dann die Partei!«, und er erzählt Frieda die neuesten Flüsterwitze.

Während die Zeitungen von Speichelleckereien und Durchhalteparolen triefen, verschafft man sich im Volk mit Flüsterwitzen über die Bonzen und die Partei ein bisschen Luft. Die kurzen, knappen Flüsterwitze erhellen blitzartig – und schärfer als jede Geschichtsdarstellung – die Szene der Zeit. Doch wer einen politischen Witz erzählt, muss sich umschauen, ob auch niemand zuhört, der ihn denunzieren könnte. Dieser vorsichtige Blick nach allen Seiten heißt im Volksmund »der Deutsche Blick«. Es gibt in Großdeutschland ein »Heimtückegesetz« – ein Witz kann wegen »Zersetzung der Wehrkraft« mit dem Tod bestraft werden. Schon auf Anhören von Fremdsendern steht Zuchthaus.

Frieda Kahle genießt die Autofahrt. Die Bäume fliegen vorbei. Es ist befreiend, im PKW nebeneinander zu sitzen und vor Denunzianten sicher zu sein. Der Schauspieler lacht auf, gestern hat er von einem Kollegen einen neuen Witz gehört: »Hitler, Göring, Goebbels und Himmler machen eine Bootsfahrt. Das Boot kentert und alle vier fallen ins Wasser. Frage: Wer wurde gerettet? Antwort: Das deutsche Volk.« Hitler gilt als größenwahnsinnig, humorlos, ein Mann, der über Leichen geht. Der Volksmund ernennt ihn zum »Gröfaz«, es steht für »Größter Feldherr aller Zeiten«. Göring hat 72 Titel, viele beginnen mit »Reichs ...«, darunter »Reichsjägermeister«. Der Volkswitz zeichnet ihn als eitel, aber auch unberechenbar und gefährlich. Im Witz wird er mit dem Reichstagsbrand in Verbindung gebracht; ihm traut man die Brandstiftung selber zu: Ein Adjutant meldet Göring am Abend des 27. Februar 1933: »Herr Ministerpräsident! Der Reichstag brennt!« Verwundert schaut Göring auf die Uhr: »Schon?« Der Reichspropagandaminister Josef Goebbels gilt als Prahlhans und »Reichslügenbold«. Was er daherredet, wird im Volk als »Josefslegende« abgetan. Über den ebenso farblosen wie entsetzlichen SS-Führer Heinrich Himmler kursieren bezeichnenderweise kaum Witze. Dafür gibt es über ihn einen makabren Zweizeiler:

Und auch bei der achten Leiche
bleibt sich Heinrich stets der gleiche.

Was für eine Erleichterung, gelegentlich aus der Stadt Berlin herauszukommen, nachdem Görings Luftwaffe den Luftraum nicht mehr schützen kann. Die Alliierten haben den Spieß umgedreht. Hitler hatte englische Städte »mit Bomben belegt«, wie es in grauenvollem Amtsdeutsch hieß, und auch Coventry mit seiner alten Kathedrale zerstört: Hitler wollte, wie er in einer seiner hasserfüllten Reden verkündete, die englischen Städte »ausradieren«. Jetzt wird Hitlers Machtposition, die Reichshauptstadt Berlin, bombardiert. Um die Bevölkerung einzulullen, werden gewaltige Zahlen von »in der Luft und am Boden vernichteter Feindflugzeuge« gemeldet, was die Berliner wiederum entlarvend kommentieren: »Feindliches U-Boot über Berlin abgeschossen!«

Seit 1942 rollen die Züge mit deportierten Juden aus ganz Europa in die Vernichtungslager im Osten. Jeder Tag, an dem Hans und Elsa, Mäxchen und Sascha unentdeckt bleiben, ist ein Geschenk. Je fragwürdiger der Endsieg wird, desto erbarmungsloser betreibt Hitlers SS die »Endlösung der Judenfrage«. Nach 1943 wird der Zusammenbruch des Dritten Reichs absehbar. Hitler hat der in Stalingrad eingeschlossenen Armee verboten, nach Westen durchzubrechen. Eine ganze Armee verblutet. In Berlin heulen immer häufiger die Sirenen: »Flie geralarm!« Die Menschen hasten – oft aus dem Schlaf gerissen –, behängt mit Beuteln, die immer griffbereit liegen, in die Luftschutzräume. Der Luftschutzkeller unter dem Haus in der Ramlerstraße ist ein langer Schlauch, der sich unter den Häusern des ganzen Blocks hinzieht, denn die Kellerwände sind durchbrochen worden. Gegen Ende des Krieges kommen nicht nur Mäxchen und sein Bruder, sondern auch Hans und Elsa häufiger mit hinunter in die brüchige Sicherheit des Kellers. Die beiden Jungen werden von Tante Frieda als Pflegekinder ausgegeben. Wenn jemand nachfragt, findet sie immer eine Erklärung, mit der sie die Anwesenheit der beiden Erwachsenen rechtfertigt, und in diesen Tagen und Nächten wachsender Gefahr verliert sogar der Blockwart die Übersicht.

Im März 1945 erreichen amerikanische Soldaten den Rhein. Hitler befiehlt, Deutschland zu zerstören. Übrig bleiben soll nur verbrannte Erde. Sowjetische Truppen überqueren die Oder. Die Berliner im Keller witzeln mit Galgenhumor, sie könnten bald mit der S-Bahn an die West- *und* an die Ostfront fahren, Propagandaminister Goebbels wird zum »Schuttpatron von Berlin« erhoben. Es mag auch schon Rückversicherung sein, wenn der Blockwart bei solchen Witzen weghört, und falls er bereits ahnt, dass Hans und Elsa Juden sind, dann denunziert er sie nicht mehr, um nach dem Zusammenbruch ein Eisen im Feuer zu haben. Der Kampf um Berlin hat begonnen. Am 25. April 1945 begegnen sich amerikanische und russische Truppen an der Elbe. Bei Hans und seiner Familie wächst die Hoffnung, dass sie bis zum Fall Berlins überleben werden. Am 30. April begeht Hitler Selbstmord. Die Stadt kapituliert. Eines Tages ist es oben ganz still. Die Stille ist unheimlich. Es ist still über der Erde und in der Erde. Der Krieg ist aus – die Schreckensherrschaft zu Ende. Von der »Kristallnacht« bis zu diesem Augenblick hat Frieda Kahle die vier durchgebracht, eine mutige Frau mit Zivilcourage, Ellenbogen und geistesgegenwärtigem Witz. »Schnauze mit Herz«, sagen die Berliner. Wie hat sie das geschafft?

»Ich habe mir gesagt, je frecher du jetzt bist, desto besser!« Sie rettet die vier vor dem Tod, nicht mit *einer* heroischen Tat, sondern Tag für Tag, unter den Augen eines misstrauischen Blockwarts, in einer zu engen Wohnung, in ständiger Angst vor Entdeckung und Denunziation – sechs Jahre lang, bis zu diesem Maitag 1945. Hans steigt als erster die Kellertreppe hinauf. Er will wissen, ob er wieder leben darf. Vorsichtig drückt er die Tür des Luftschutzkellers auf … einen Spalt, noch etwas weiter, späht hinaus. Kein Laut. Sonnenschein. Friede! Er will aus dem Grab ins Leben steigen, taumelt voller Glück hinaus auf die Straße. Da peitscht ein Schuss durch die Stille. Hans fällt quer vor den Eingang zum Keller. Kopfschuss. »Eine verirrte russische Kugel« – vermutet Frieda. Sie hat noch nie einen Menschen so schreien hören wie Elsa, die sich über den toten Hans wirft.

Elsa wandert mit Mäxchen und Sascha aus Deutschland aus. Sascha darf jetzt wieder Sascha heißen. Er macht die Arbeit mit Silberdraht zu seinem Beruf und wird Silberschmied. Mäxchen führt in Brasilien einen Juwelierladen, in dem er die Silberarbeiten seines Bruders verkauft. Sascha schenkt Tante Frieda sein erstes, großes, eigenes Werk: Es ist ein Silberschiff mit geblähten Segeln. Auf einer Plakette am Sockel ist eingraviert:

»Für Deine nie vergessene Aufopferung. Deine Söhne Sascha und Max.«

Frieda Kahle macht kein Aufhebens von dem, was sie unter ständiger Lebensgefahr getan hat. Falls sie davon redet, wird sie nicht selten scheel angesehen. Sie hat Gesetze gebrochen! Gültiges Recht kann nicht Unrecht sein – argumentieren fürchterliche Juristen nach 1945. Widerstand gilt lange als

Verrat oder wird totgeschwiegen. Es bedarf eines jüdischen Offiziers der Résistance, Joseph Rovan, eines Häftlings im KZ Dachau, um deutlich zu machen:

»Wisst ihr, dass hunderttausend deutsche Bürger im Dritten Reich aus politischen Gründen hingerichtet wurden? Hunderttausend! Da soll man nicht sagen, dass es keinen Widerstand gegeben hat!«

Dreieinhalb Jahrzehnte nach dem Zusammenbruch der Nazi-Diktatur bekommt die Rentnerin F. Kahle ein Schreiben. Sie hält das längliche Poststück für eine Reklame und will es wegwerfen. Doch es ist teures Papier mit einem Prägedruck. Die Finger der Achtzigjährigen ertasten die Prägung: Ein Wappen, ein Adler. Sie sucht ihre Brille, putzt die Linsen und liest: Der Bundespräsident hat ihr das Bundesverdienstkreuz am Bande verliehen. Die alte Frau murmelt: »Was das wieder kostet, die Spesen. Vor 30 Jahren hätt ich's mir abgeholt. Jetzt müssense kommen und es mir bringen.«

So geschieht es. Ein hoher Ministerialbeamter sucht Frau F. Kahle im Altenheim auf, um ihr den Orden zu überreichen. Es ist eine knappe Feier am Bett der betagten Auszuzeichnenden mit anschließendem Imbiss für den hohen Beamten. Eine Schwester will dafür jenes sperrige Silberschiff auf dem Buffet, das Frau Kahle nie aus den Augen lässt, als Staubfänger entsorgen, doch die Insassin verteidigt es mit Klauen und Zähnen. Der hohe Gast dekoriert Frieda Kahle mit dem Bundesverdienstkreuz am Band, und sie erschrickt; der Beamte hat die zinngrauen Augen ihres Blockwarts. Sie schließt die Augen und weint, weil sie an Mäxchen denken muss, an seine verlorene Kindheit, und an Sascha und Elsa, und dann – der Schuss ...! »Was hat sie denn?«, fragt der Beamte halblaut. »Entschuldigen Sie, Herr Ministerialdirigent«, antwortet ihm die zuständige Schwester, »sie ist heute wieder eigensinnig«.

Die Heldin aus Liebe

yon 1943; Mut und Intelligenz befähigen die einunddreißigjährige Historikerin Lucie Aubrac zur spektakulären Befreiung ihres Mannes kurz vor seiner Hinrichtung im Foltergefängnis des Obersturmführers Barbie in Lyon. Sie schießt ihn frei! Eine Frau ist stärker als die Gestapo – Frankreich schöpft Mut. Nach dem Triumph über Barbies Gestapo gelingt der hochschwangeren Lucie mit ihrem Mann Raymond und ihrem kleinen Sohn die Flucht nach England. Sie erreicht London am 11. Februar 1944, einen Tag bevor sie einem »Kind der Liebe und der Hoffnung« das Leben schenkt.

Bei einem Flug über den Atlantik blättert Lucie Aubrac in den Zeitungen an Bord, wirft einen Blick auf den bunten Cartoon in einer amerikanischen Zeitung, in dem ihr Vorname Lucie im Titel auftaucht, und traut ihren Augen nicht. Sie, die solche Bildergeschichten mit Sprechblasen kaum kennt (und wenig schätzt) – sie selbst ist die Heldin eines »Cartoons«! Ihre eigene

Geschichte wird in flott gezeichneten Bildern erzählt: Sie sieht sich wieder als junge Frau voller Lebenskraft und Mut, trunken von Liebe – und da ist auch Raymond! Da ist Boubou! Der Bildroman heißt: »Lucie to the Rescue«, ungefähr: »Lucie haut alle raus«. Lucie Aubrac schließt die Augen, und während das Flugzeug durch die Nacht dröhnt, erinnert sie sich: Ein Flugzeug ... auf nichts hat sie so sehr gewartet wie auf das dunkle Dröhnen eines Flugzeugs in einer Wintervollmondnacht.

Lucie ist die Tochter eines Winzers, 1912 in Burgund geboren. Sie ist hochbegabt, und am Anfang des Zweiten Weltkriegs erfüllt sich für sie ein Traum. Sie darf mit einem Doktoratsstipendium in den USA studieren. Sie kommt heraus aus Frankreich, das Hitlers Armeen bedrohen, und sie kann zusammen mit Raymond ausreisen – beide sind frischverheiratet: Raymond hat bereits ein Jahr in den USA studiert, und ihm wird – im ersten Kriegsjahr, 1940 – eine Assistentenstelle an einer der besten Technischen Universitäten der USA angeboten. Für Raymond bedeutet es die Rettung, denn er stammt aus einer alten jüdischen Familie, die mit dem polnischen König Stanislaus Leszczynski nach Lothringen kam. Es wird sogar eine Hochzeitsreise zu den Niagara-Fällen geben! Doch Raymond zögert, nach Amerika zu fahren, er will seine Eltern nicht im Stich lassen – und dann verzichten beide auf die Ausreise: Sie wollen ihre Familien, ihre Freunde, ihr Land im Krieg nicht verlassen. Lucie und Raymond bleiben in Frankreich. Im Frühjahr 1941 wird ihr erstes Kind geboren, Jean-Pierre – »Boubou«. Raymond arbeitet als Ingenieur in Lyon. Dort unterrichtet Lucie Geschichte an einem Gymnasium. Beide schließen sich der französischen Widerstandsbewegung gegen Hitlerdeutschland an, nachdem Hitlers Truppen Frankreich überrannt haben. Beide wollen in Lyon mithelfen, die unmenschlichen Brutalitäten der Besatzer, vor allem des allgegenwärtigen Gestapo-Chefs Klaus Barbie, des »Schlächters von Lyon«, zu verhindern. Sie stehen über Funk mit den Alliierten in England und mit der französischen Exilregierung des Generals de Gaulle in Kontakt. Im März 1943 wird in Frankreich der Zwangsarbeitsdienst eingeführt. Hitler braucht Arbeitssklaven aus den besetzten Ländern, weil er nun auch die deutschen Rüstungsarbeiter als »Menschenmaterial« an die Ostfront wirft. Die Widerstandsgruppe um Raymond und Lucie hilft ihren Landsleuten, sich dem Zwangsarbeitsdienst in Nazi-Deutschland zu entziehen.

Die Gestapo ist alarmiert, Razzien häufen sich. Die *gestapistes* werden unterstützt von Polizei und Milizen der Vichy-Regierung des Marschalls Pétain, der französischen Regierung von Hitlers Gnaden, die mit den Nazis kollaboriert, während die Polizeikräfte der Vichy-Regierung und der Personalbestand der Gestapo gleichzeitig ständig verstärkt werden.

Bei einer Polizei-Razzia versucht Raymond, inzwischen einer der wichtigsten Männer des Widerstands in der Südzone Frankreichs, zu fliehen. Er wird bei der Flucht durch einen Schuss verwundet. Fast gelingt es ihm, im Fußgängergewühl unterzutauchen. Doch er rempelt dabei eine alte Frau an, sie stürzt, er entschuldigt sich, hilft ihr auf die Beine – diese Sekunden der Höflichkeit sind verhängnisvoll ausschlaggebend: Schon steht der Fahrer der Grünen Minna mit gezogener Pistole vor ihm. Raymond wird abgeführt. Die Vichy-Polizei weiß nicht, dass er ein Widerstandskämpfer ist und hält ihn für einen Schwarzhändler – nur ein kleiner Fisch auf dem Schwarzmarkt! Die werden nach ein paar Tagen bis zu ihrer Verhandlung aus der Haft entlassen. Dennoch, Woche um Woche verstreicht. Raymond verlaust im Gefängnis, der französische Staatsanwalt hält ihn in Haft – und der 14. Mai rückt immer näher: Es wäre der erste 14. Mai, an dem Lucie von Raymond getrennt wäre, seitdem sie sich kennen. Es ist ihre schönste Erinnerung: »Vor vier Jahren, am 14. Mai 1939, es war in Straßburg, haben wir die totale Liebe füreinander empfunden. Nicht nur Verliebtheit, sondern eine so endgültige Eintracht, dass wir geschworen haben, jeden 14. Mai zusammen zu sein, solange wir leben.«

Lucie steckt sich ein doppeltes Ziel. Einmal, Raymond zu befreien – das ist schwierig genug – und darüber hinaus, ihn am 14. Mai zu befreien. Raymond hat sich bei den Verhören gut gehalten. Für die Gestapo ist er nur ein uninteressanter Schwarzhändler, der den französischen Behörden überlassen bleibt. Jetzt wäre alles Routine: Ein kleiner Schwarzhändler wird vorläufig aus der Haft entlassen. Der französische Staatsanwalt braucht nur zu unterschreiben. Warum tut er es nicht? Hegt er einen Verdacht – dass Raymond ein großer Fisch der Résistance sein könnte? Lucie folgert mit geradezu hellseherischer Einsicht in die Mentalität des Beamten: Wer sich amtseifrig mit vorauseilendem Gehorsam über alles übliche Maß hinaus bei den Vorgesetzten anbiedern will – sogar bei der Besatzungsmacht und der Gestapo –, ist selber ein Kriecher und Feigling, tritt nach unten und katzbuckelt nach oben. Am Abend des 13. Mai 1943 kommt es zu einer gespenstischen Szene im Haus des Staatsanwalts: Lucie, elegant gekleidet, klingelt. Als ihr geöffnet wird, sagt sie, sie habe dem Staatsanwalt persönlich etwas auszurichten. Vielleicht wird vermutet, sie habe ein Verhältnis mit dem Staatsanwalt; sie wird ihm gemeldet, er empfängt sie.

Lucie wagt ihr Leben. Im Vertrauen auf ihre Einsicht in die Denkweise eines feigen, selbstsüchtigen Beamten legt sie ihren Kopf in die Schlinge und erklärt ihm: »Sie haben es zweimal abgelehnt, die vorläufige Haftentlassung zu unterschreiben ... Ich vertrete hier die Autorität General de Gaulles ... Wenn Sie morgen im Justizpalast nicht unterschreiben ... werden Sie am Abend des 14. die Sonne nicht untergehen sehen ...« Er brachte kein Wort hervor. In Todesangst, erschrocken über ihre eigene Tollkühnheit, hastet sie aus dem Haus des Staatsanwalts. Ihre Selbstsicherheit bricht zusammen. Wird sie verfolgt, verhaftet? Sie hat sich dessen, weshalb unzählige Franzosen gefoltert, ermordet worden sind – sie hat sich selbst der Zugehörigkeit zum Widerstand und der Tätigkeit für das Freie Frankreich de Gaulles bezichtigt und sogar den Staatsanwalt bedroht! Doch Lucie hat sich nicht getäuscht: Auf die Feigheit des Beamten ist Verlass. Der Staatsanwalt mag sich ausgerechnet haben, dass es für ihn nicht ungünstig wäre, auch bei der Gegenseite ein Eisen im Feuer zu haben, für alle Fälle – wenn Hitlers Spaziergang nach Moskau so enden würde wie der Napoleons! Am nächsten Morgen unterschreibt er die Haftentlassung. Am 14. Mai sind Lucie und Raymond vereint, wie jedes Jahr an diesem Tag.

Raymond bringt ein merkwürdig verknotetes Bündel mit. Es ist sein durchschossener Mantel. Darin steckt Raymonds Wäsche, die in der Haft verlaust ist. Lucie sieht, wie »unheimlich zäh« so eine Laus ist: »Ich habe sogar noch in den Nähten welche gefunden, nachdem sie gekocht worden waren: durchsichtig, vollkommen ausgeblutet, und sie bewegten sich noch. Schließlich habe ich sie mit dem heißen Bügeleisen gekriegt ... ganz und gar ekelhaft: die Taschentücher. Oh, dieser Schneckenschleim, wenn ich sie unterm fließenden Wasser bürstete. Ich habe mir oft gesagt, ganz sicher erfindet eine Frau nach dem Krieg Papiertaschentücher, die man nach Gebrauch wegwirft.« Lucie und Raymond haben endlich einige Stunden für sich; an diesem 14. Mai 1943 empfängt Lucie ihr zweites Kind.

Wieder Korrekturen und Vorbereitungen für den Unterricht. Es ist Mai, in diesem Monat muss eine Lobrede auf Jeanne d'Arc gehalten werden. Vom Ministerium in Vichy kommt die Anweisung: Marschall Pétain ist als Nachfolger von Jeanne d'Arc, der Jungfrau von Orleans, zu würdigen. Lucie teilt die Tafel in zwei Hälften. Die eine Hälfte für die Jungfrau von Orleans, die andere für den Marschall, der mit Hitler kollaboriert. Unter tränentreibendem Gelächter wird für jede Eigenschaft der Jungfrau eine für den Marschall Pétain erfunden und auf der Tafel eingetragen. Ein gefährliches Spiel, denn manche Schüler-Eltern sympathisieren mit dem Vichy-Regime. Wer schützt Lucie vor Denunziation? In einer Klasse fehlt plötzlich ein Mädchen. Warum? Eine Schülerin schaut bei ihr zu Hause nach. Post quillt aus dem Briefkasten. Niemand ist da: Es heißt, sie ist »deportiert«. Lucie geht zum Bahnhof und erlebt mit, wie ganze Familien deportiert werden: Am Bahndamm stellt sich ein Trupp deutscher Soldaten entlang dem Zug auf: »Dann kommt eine Kolonne von Zivilisten. Das sind sicher Juden ... Sie steigen ein, während ein Feldwebel sie antreibt. ›Schnell, schnell.‹ Es sind Männer und Frauen jeden Alters; auch Kinder. Unter ihnen ist eine ehemalige Schülerin von mir... Sie hat... dieses Frühjahr ein Kind bekommen. Sie hält den pausbäckigen Säugling auf dem linken Arm, einen Koffer in der rechten Hand. Die erste Stufe ist hoch über dem steinigen Bahndamm. Sie stellt ihren Koffer auf das Trittbrett, klammert sich mit einer Hand an den Türpfosten, kann sich nicht hochziehen. Der Feldwebel kommt brüllend an und versetzt ihr einen Tritt. Sie verliert das Gleichgewicht, schreit auf, das Baby ist zu Boden gefallen, ein jämmerliches, wimmerndes, weißes Bündel«. Während sich Lucie bemüht, den Hass zu beherrschen, der sie überfällt, muss sich ein Eisenbahner, Vater von fünf Kindern, der ebenfalls mitansieht, wie der Feldwebel die junge Mutter zusammentritt, vor Ekel übergeben.

Raymond ist untergetaucht. Lucie trifft sich heimlich mit ihm in einem Winzerhäuschen. Nichts macht unter den Winzern so viel böses Blut wie die Bosheit, mit der französische Inspekteure eine Verfügung durchsetzen, dass Wein abgeliefert werden muss, damit daraus Treibstoff für die Besatzer hergestellt wird. Die Beamten der Vichy-Regierung, die auf die Höfe der Winzer ausschwärmen, schütten ein Glas Heizöl in jedes Fass Wein, und sei es der feinste Pouilly-Fuissé. Damit wird nicht nur der Wein vergällt, sondern so werden auch die wertvollen Eichenfässer unbrauchbar. Die Winzer schäumen: »Je älter sie sind, um so besser ist der Wein! Jetzt sind sie kaputt. Dieses verfluchte Heizöl, das ist ein Gestank, der nie weggeht. Man kann sie nur noch verbrennen!«

Der 21. Juni 1943 wird zum schwarzen Tag in der Geschichte des französischen Widerstands. Jean Moulin, der Leiter des französischen Befreiungskampfs und Stellvertreter de Gaulles, kommt nach Lyon. Er trifft sich heimlich mit Raymond – der zu einem der Generalinspekteure der Befreiungsarmee ernannt wird – und mit weiteren Männern der Résistance in der Praxis eines Arztes. Dieses Treffen ist von einem Spitzel der Gestapo ausgespäht worden. Jean Moulin wird festgenommen, mit ihm Raymond und die anderen. Der Gestapo-Chef, Obersturmführer Barbie, lässt Jean Moulin foltern, bis er in der Haft an den Folgen der Folterungen stirbt. Lucie Aubrac wagt sich zweimal in die Höhle des Löwen, dringt vor bis zu Barbie, um zu erfahren, ob Raymond noch lebt. Barbie erklärt ihr mit gnadenlosem Lächeln, ein Terrorist wie der, von dem sie da rede, »wird bezahlen müssen«. Sie weiß kaum mehr, wie sie auf die Straße kommt. Sie beißt einen Zeigefinger blutig, um nicht aufzuschreien! »Meine Ohrclips sind mir unerträglich geworden: Ich reiße sie herunter und schleudere sie auf die Straße: Keine Margeriten mehr, nur noch ein Dutzend kleine weiße Splitter!«

Doch hat Barbie nicht von »Bezahlung«, er meint: Hinrichtung, so geredet, als ob sie noch bevorsteht? Lucie nimmt mit keimender Hoffnung den Kampf um sein Leben auf. Sie kämpft, auch wenn es aussichtslos scheint – wie könnte sie Raymond, falls er noch lebt, aus den Fängen der Gestapo befreien? Dass sie dennoch den Kampf beginnt, ist für sie »eine

Frage des Temperaments«, eines glücklichen Temperaments, das ihr erlaubt, an »schlechten Nachrichten« zu zweifeln und »nie das Schlimmste« anzunehmen. Vielleicht ist es nur eine »simple Art, das Unglück zu bannen«? Aber es ist doch auch »ein starker Trumpf, um allen Widrigkeiten zum Trotz zu gewinnen.« Lucie erfährt: ein deutscher Oberst in Lyon wünscht einen Ballen Lyoner Seide, alten Cognac, feinen Champagner. Dieser Oberst hat Kontakt zu einem Funktionär im Hauptquartier der Gestapo, der möglicherweise Ähnliches wünscht. Das wird teuer: »Den Oberst besticht man nicht mit Kinkerlitzchen.« Aber vielleicht würde er, wenn er zufrieden gestellt wird, seinen *gestapiste* überreden, sie zu treffen! Doch das Geld, das sie für die Bestechung benötigt – woher nehmen?

Einer der Widerstandskämpfer übergibt Lucie ein Portemonnaie mit Bargeld, damit sie Raymonds Befreiung versuchen kann. Sie beschafft einen Ballen schwerer Lyoner Seide, von dem der Oberst entzückt ist. Er stellt, selbstredend völlig unverbindlich, in Aussicht, er könnte vielleicht vor seinem nächsten Urlaub ein Treffen mit dem Gestapofunktionär erreichen: »Kommen Sie am Tag vor meiner Abfahrt. Wenn Sie ein paar Zigarren für mich aufgabeln, bin ich sehr glücklich.« Der Oberst erhält die gewünschten Zigarren. Er redet mit seinem Kollegen bei der Gestapo, und der ist mit einem Gespräch in der Gestapo-Zentrale einverstanden.

Lucie entwirft ihren Schlachtplan. Einerseits muss sie erreichen, dass Raymond an einem vorausbestimmten Tag in die Gestapo-Zentrale gebracht wird. Andererseits muss sie für genau diesen Tag die Befreiungsaktion organisieren. Wie aber kann sie erreichen, dass Raymond an einem ganz bestimmten Tag in die Gestapo-Zentrale gebracht wird? Wieder bewährt sich ihr Einfühlungsvermögen. Sie vertraut darauf, dass der deutsche Funktionär nach dem Grundsatz »Befehl ist Befehl« – egal, was er beinhaltet – am ehesten ungefragt alles akzeptieren wird, was nach Verfügungen, Verordnungen, Paragraphen riecht; und Lucie, jetzt schon im fünften Monat schwanger, entdeckt einen einschlägigen Paragraphen: Demnach muss ein zum Tod Verurteilter vor seiner Hinrichtung, falls er ein ungeborenes Kind hinterlässt, mit seiner Unterschrift vor Zeugen den Übergang seines Besitzes auf das ungeborene Kind bekräftigen. Ein Notar arbeitet für Lucie einen von Paragraphen wimmelnden Schriftsatz aus.

Einerseits wird es ein »Heiratsvertrag«, da Lucie schwanger ist. Aber der zum Tod verurteilte Kindesvater könnte einen einfachen »Heiratsvertrag« auch noch bei – unmittelbar vor – der Hinrichtung unterschreiben; das ist juristisch möglich. Um dem »Heiratsvertrag« mehr Gewicht zu geben, wird er weitschweifig erweitert und soll auch Erbschaftsfragen regeln, mit einem zusätzlichen »Vertrag zur Gütertrennung«.

»Was ist das für ein Vertrag?«, will der Gestapofunktionär wissen. Lucie hat das eine Ziel vor Augen, dass Raymond an einem bestimmten Tag zu einer bestimmten Zeit zur gemeinsamen Unterschriftsleistung ins Gestapohauptquartier gebracht wird – und redet mit Engelszungen: Sie gehöre, erklärt sie, einem alten Soldatengeschlecht an. »Ich habe Ihnen doch von meiner Familie erzählt.« Aber was ist mit der Familie des inhaftierten Vaters ihres Kindes? Der Kindsvater »ist zum Tod verurteilt. Ich weiß nichts über seine Familie. Ich will nicht, dass sie eines Tages etwas von meinem Vermögen fordern kann. Der Notar wird einen Vertrag zur Gütertrennung aufsetzen.«

Lucie sieht zu ihrer Erleichterung: »Das hat gesessen!«. Der autoritätshörige Funktionär lässt sich von dem üppig gestempelten Dokument beeindrucken und ist geschlagen. Er staunt: »Ah, diese Franzosen denken an alles!«, und verabschiedet Lucie mit einem markigen: »Sie sind stark, man sieht, dass Sie aus einem Soldatengeschlecht stammen!« Er ordnet an, Raymond zur Unterschriftsleistung zusammen mit Lucie in die Gestapozentrale zu holen: Am 21. Oktober 1943. Wie aber wird es ihr gelingen, Raymond bei Tag in Lyon aus einem schwerbewachten Gefangenentransport herauszuholen? Jeder Schuss würde sofort Gestapostreifen, französische Milizeinheiten und Wachkommandos herbeirufen. Es muss daher lautlos geschossen werden. Aber die Widerstandskämpfer haben keine Schalldämpfer. Lucie findet eine Lösung. Sie schlägt sich bis zur Schweizer Grenze bei Annemasse durch und verhandelt mit einem Schweizer Gendarmerie-Beamten. Er besorgt ihr für teures Geld zwei Schalldämpfer.

Der 21. Oktober 1943 ist ein Donnerstag. Am Nachmittag begegnet Lucie Raymond in der Gestapo-Zentrale unter den Augen des Gestapofunktionärs, die voller Verachtung den Häftling streifen. Die Begegnung ist kurz. Papiere rascheln, Unterschriftsleistung. »Das ist alles, nicht wahr?«, herrscht der Gestapofunktionär Lucie an. Lucie und Raymond haben nur einen Augenblick Zeit für ein liebevolles Wenden des Kopfs zueinander. Raymond wird abgeführt und wartet auf seinen Rücktransport ins Gefängnis. Vor dem Gestapohauptquartier wartet Lucie in einem Citroën: »Um fünf Uhr dreißig sitze ich auf dem Rücksitz des Wagens, hinter dem Fahrer ... Um fünf vor sechs kündigt sich der letzte Akt an. Zwei deutsche Soldaten kommen und kontrollieren den spärlichen Verkehr ... Das Tor geht auf ... Ich umklammere meine Pistole. Ich sage ... ›Los‹.« Der Fahrer überholt den Gestapo-Transporter. Einer der Widerstandskämpfer schießt, »man hört keinen Knall«. Das Gestapoauto stoppt. Die *gestapistes* schießen um sich – aber auch die Widerstandskämpfer. Raymond ist verwundet und wird in den Fluchtwagen hineingerissen. Seine Handschellen werden mit Spezialzangen durchtrennt; der Citroën rast los und erreicht das vorbereitete Versteck.

Zum ersten Mal ist Barbies Gestapo besiegt: am helllichten

Tag, mitten in Lyon! Barbies Reaktion ist hysterisch, ganz Lyon wird mit einem Kontrollnetz überzogen. Trotzdem besucht Lucie Raymond in seinem Versteck. Er trägt einen Verband auf Wange und Hals. Die frische Wunde blutet, als er sie küsst. »Die Kugel«, erklärt er ihr, »die durch die Wange eindrang, ist schräg durch den Hals wieder ausgetreten! eine fingerlange Spur.« Lucie knotet ein Tuch über seinem zerschundenen Kopf zusammen und bittet ihn, von seiner Haft zu sprechen: Er berichtet stockend: Er war in einer – bis auf den Abfallkübel – völlig leeren Zelle. Er lag auf dem nackten Zementboden. Immer wieder Verhöre durch Barbie, der schrie und schlug und schlug und schrie: »Hund, Schwein ... ihr müsst alle dran glauben!« Der Sadist »hat gedroschen, gedroschen« bis Raymond umfiel, dann Tritte in die Seite. Und immer dabei: »dasselbe Mädchen, derselbe Hund«.

Raymond wird insgeheim in eine Privat-Klinik bei Lyon gebracht, zusammen mit Lucie als Begleitperson. Boubou kommt sicherheitshalber weitab in einem Kinderheim auf dem Land unter. Doch die Heimleiterin macht einen Fehler. Sie schreibt an Lucie wegen einer Impfung, für die sie eine Elternunterschrift braucht – und so findet die Gestapo über die Post die Spur des Kindes! Was aber, wenn Boubou der Gestapo in die Hände fällt? Was tun? Lucie schlägt vor, sich der Gestapo auszuliefern, um Boubou zu retten. Raymond lehnt ab: »Ich kenne sie, diese Bestien, das wird nichts nützen. Das wird noch schlimmer für ihn sein. Auf jeden Fall werden wir alle liquidiert. Einzige Lösung: Wenn er ihnen in die Hände gefallen ist, bringen wir uns um. So hat er vielleicht eine Chance, verschont zu werden.«

Noch gibt es eine Hoffnung: Eine Rettungsaktion ist bereits angelaufen, um Boubou aus dem Kinderheim herauszuholen, bevor die Nazis den Zweijährigen verschleppen. Der Klinik-Chef gibt Lucie und Raymond Schlaftabletten, um sie zu beruhigen. Beide werfen ihre Tabletten zum Fenster hinaus. Sie wollen die Nacht gemeinsam durchwachen, bis sie Nachricht haben. So warten Lucie und Raymond »wie Grabmalfiguren, und so bricht die längste Nacht unsres Lebens an. Eine Nacht der Agonie ... Der verletzte, grün und blau geschlagene, angsterfüllte Mann neben mir ... hat meinen Kopf auf seine Schulter gelegt.« Raymond spricht ihr Mut zu: »Ruh dich aus, meine Lucette, entspanne dich, in dir wächst unser zweites Kindchen heran.«

Im Morgengrauen hören sie ein Auto, das näher kommt und vor der Klinik hält. Die beiden gehen Hand in Hand zum Auto der Résistance. Ein Kind sitzt auf der Rückbank. Lucie stürzt ihm entgegen – ein entsetzlicher Augenblick: Der unbeaufsichtigte Boubou »spielt mit einer Handgranate, die er am Ring hält. Haarsträubend! Er spielt mit dem Tod!!« Lucie hebt geistesgegenwärtig die Hände über den Kopf, als ob sie mit Marionetten spielen würde. Boubou will es nachmachen, legt sofort die Handgranate weg und »fuchtelt fröhlich mit den kleinen Händen über seinem Kopf herum«. Schnell wird er aus dem Wagen geholt, aber Lucie fällt in Ohnmacht. Boubou kann allerdings in der Klinik nicht bleiben. Es wäre zu auffällig. Er muss versteckt werden. Wieder ist die Familie getrennt.

Im Ausland beruft General de Gaulle bereits die Beratende Versammlung einer provisorischen Regierung des Freien Frankreich ein und erklärt, dass Frankreichs Frauen jetzt vollberechtigte Staatsbürgerinnen seien. Die Résistance will Lucie als Vertreterin der Frauen der Widerstandsbewegung in die Beratende Versammlung schicken, die in Algier tagen soll. Es ist November, Lucie ist schon im sechsten Monat schwanger. Doch die Männer der Widerstandsbewegung bestehen darauf, sie als Abgeordnete der Résistance zu entsenden. Sie versuchen sie zu überzeugen: »Du wirst sie ... aufrütteln ... Schließlich bist du nicht nur Kämpferin, sondern auch Akademikerin, lehrst Geschichte, eine Ehefrau und Mutter, burgundischen Ursprungs, katholischer Herkunft. Was will man mehr?«

Lucies Entsendung in die Beratende Versammlung bedeutet: Ein englisches Flugzeug wird in einer Nacht-und-Nebel-Aktion in der Nähe von Lyon landen. Lucie wird mit Raymond und Boubou ausgeflogen; der Innenminister in de Gaulles Exil-Regierung hat Raymond zu einem seiner Mitarbeiter berufen. Aber der riskante Flug kann nur bei Vollmond versucht werden. Bis zur Geburt im Februar gibt es nur noch wenige Vollmonde. Eine verschlüsselte Botschaft über Funk wird ankündigen, wann und wo das Flugzeug landet. Am 14. November 1943 kommt die verabredete Durchsage: »Ils partiront dans l'ivresse« – »Trunken von Glück reisen sie ab«.

Durch das scheinbar schlafende Dorf faucht und rumpelt ein Lieferwagen mit Holzvergaser zur Landewiese. Das Flugzeug wird gegen Mitternacht erwartet. Der Mond scheint. Aus dem Gras steigt dünner Nebel. Leuchtsignale werden vorbereitet. Dann ist ein immer stärkeres Brummen zu hören: »Da ist es. Wir sehen das Flugzeug sehr gut ... Raymond hält meine Hand. Das Flugzeug dreht eine Schleife, ein zweite ... Warum landet es nicht endlich? Eine neue, größere Schleife, dann entfernt es sich ... Es ist vorbei.« Der Nebel war zu stark geworden, das Flugzeug konnte nicht landen. Vielleicht hat der Pilot nicht einmal die Leuchtsignale gesehen. Jetzt muss die Wiese geräumt und jede Spur verwischt werden. Für den Rest der Nacht verstecken sich Lucie und Raymond mit Boubou in einem Stall, in dem Schweine grunzen, doch es ist wenigstens warm. Bis zum nächsten Vollmond nimmt ein Gendarm die drei Verfolgten auf. In ihm tobt ein Gewissenskonflikt. Ihm ist eingebläut worden: »Gesetz ist Gesetz«, folglich hat er die Gesuchten auszuliefern. Andererseits, was heißt nicht alles »Gesetz«. Der Beamte ringt sich zu der Einsicht durch, dass nicht jedes »Gesetz« blind zu befolgen ist, nur weil es »Gesetz« genannt wird: Wenn nämlich ein Gesetz barbarischen Machthabern dazu dient, Unterdrückung, Beraubung, Ausrottung zu »legitimieren«: Auch »Gesetz« kann Waffe in der Hand von Verbrechern und selbst Verbrechen sein.

Im Dezember 1943 findet keine Flug-Landeoperation statt. Weiter Warten bis zum ersten Vollmond im neuen Jahr. Am 6. Januar 1944 kommt wieder die verschlüsselte Botschaft über Funk: »Ils partiront dans l'ivresse.« Wieder Warten auf der Landewiese. Der Mond ist noch nicht ganz voll. Endlich ist das Flugzeug zu hören. Einer der Widerstandskämpfer gibt das vereinbarte Leuchtsignal. Doch: »Dann nichts mehr. Nichts geschieht, das Flugzeug entfernt sich, entfernt sich und kommt nicht zurück.«

Lucie wird mit Boubou in einem anderen Dorf untergebracht, Raymond von ihnen getrennt versteckt – bis zum Februarvollmond. Ob Lucie bis dahin durchhält? Sie erwartet ihr Kind um den 12. Februar. Der nächste Flug ist für die Zeit zwischen dem 5. und dem 14. Februar vorgesehen. Am 8. Februar 1944 hören sie endlich wieder die ersehnte Durchsage: »Ils partiront dans l'ivresse.« Die Engländer wollen zum ersten Mal ein zweimotoriges Flugzeug schicken. Für die hochschwangere Lucie sind die Luftsprünge eines kleinen einmotorigen Flugzeugs zu riskant. Der Landeplatz liegt im Norden von Lyon. Der Boden ist überfroren. Im Flugzeug wird es kalt sein, Lucie zieht mehrere Kleidungsstücke übereinander an und stopft Zeitungen dazwischen, die warmhalten sollen. Vor Mitternacht ein Brummen, immer stärker. Das Flugzeug »wirkt riesig und macht einen grauenhaften Lärm. Es setzt auf« – und das schwere Flugzeug sinkt ein. Tauwetter hat die Erde aufgeweicht. Ein Startversuch ... das Flugzeug rührt sich nicht vom Fleck, sinkt noch tiefer ein. Aus den Nachbardörfern kommen Männer mit Ochsen und Pferden. Die Tiere werden vor das

Flugzug gespannt, ziehen an, die Männer stellen sich unter die Tragflächen und stemmen das Flugzeug hoch. Vergebens.

Der Pilot beschließt, das Flugzeug zu zerstören. Er ist bereits weit über der Zeit; die Deutschen sind nur wenige Minuten entfernt. Einer der Männer redet auf ihn ein. Der Pilot gibt Lucie die Hand. Er sagt, dass er ihretwegen einen neuen Startversuch machen wolle, den letzten. Kisten werden ausgeladen. Vor den Rädern wird eine tiefe Furche gezogen und mit Reisigbündeln und Zweigen ausgelegt: »Wieder laufen die Motoren, das Flugzeug setzt sich in Bewegung, rollt, macht einen gewaltigen Satz ... und hebt ab ... Ich fühle mich in den Himmel geschleudert, der Freiheit entgegen.« Lucie, Raymond und Boubou erreichen London am 11. Februar 1944, einen Tag bevor Lucie während eines deutschen Luftangriffs auf London einem gesunden Mädchen, Catherine, das Leben schenkt, einem »Kind der Liebe und der Hoffnung«.

Ein deutscher Soldat sagt nach dem Krieg aus, er habe erlebt, dass Klaus Barbie hundert Menschen in dem Gefängnis, in dem Raymond inhaftiert war, an den Daumen aufhängen ließ, »bis sie tot waren«. Barbie erreichte unangefochten Bolivien. Zahlreiche SS-Verbrecher wurden auf der so genannten Ratten- oder Klosterlinie kirchlicher Fluchthelfer nach Südamerika geschleust, gegen harte Dollar. »Ihre Flucht wurde in vielen Fällen finanziert durch das Geld, das sie den Opfern ... weggenommen hatten«.

Lucie arbeitet zuerst als Abgeordnete bei der französischen Exilregierung, dann wieder in ihrem Beruf in Frankreich. Raymond wird nach der Befreiung Frankreichs Beauftragter der Regierung de Gaulle für die Entminung des Landes. Raymonds Eltern sind an Barbies Gestapo ausgeliefert und in Auschwitz umgebracht worden.

»Frauen standen hier Tod besiegend«

as war wirklich wie ein Wunder« – es klingt märchenhaft, ist kaum fassbar, was sich 1943 in der Rosenstraße, Berlin-Mitte, ereignet hat: »Plötzlich war die Straße schwarz von Menschen«, erinnert sich eine Augenzeugin. »Lauter Frauen standen da und schrien.« Vor einem »Sammellager« der Nazis protestieren Berlinerinnen dagegen, dass ihre Männer und Kinder (wie sie fürchten müssen) deportiert und »ins Gas getrieben« werden sollen und fordern eine Woche lang »Gebt uns unsere Kinder« und »Gebt uns unsere Männer raus«. Die SS baut hinter Sandsäcken Maschinengewehre auf. Befehle werden gebrüllt: »Straße frei oder es wird geschossen«, doch die Frauen weichen nicht – und alle ihre Männer und Kinder kommen frei. Ein Denkmal in der Rosenstraße an der Stelle, an der Hunderte von Frauen dem Tod ins Auge sahen und ihn überwanden, trägt die Inschrift: »Die Kraft des zivilen Ungehorsams und die Kraft der Liebe bezwingen die Gewalt der Diktatur / Frauen standen hier Tod besiegend«.

Ende Februar 1943 steht Lucie Meyer mit vielen anderen Frauen vor dem Haus Rosenstraße 2–4 in Berlin-Mitte. An ihre Hand klammert sich eine Neunjährige, Dorle. In dem dreistöckigen Gebäude mit ausgebautem Dachgeschoss sollen »schlagartig« verhaftete Zwangsarbeiter aus ganz Berlin zusammengepfercht sein. Lucie will sich vergewissern, ob sie dort auch eine Spur von ihrem Mann entdeckt. Alle Frauen dort vermissen ihren Mann, Sohn oder Vater. Dorle sucht »den Papa«; Lucie ihren Ehemann Reinhold.

Dank der Autorin Christiane Kohl wissen wir mehr über Dorle, Lucie und die Vorgänge in der Rosenstraße: Lucie hat »eingeheiratet« – in eine der alten, reichen Familien Berlins. Reinhold, ein Feingeist, ist der jüngste Nachkomme eines Bankhaus-Gründers. Die E.J. Meyer Bank besteht seit 1816 und läuft gut. Die Familie Meyer lebt neben dem Auswärtigen Amt in ihrem prächtigen Haus nahe am Brandenburger Tor. Unten ist die Bank, darüber die behagliche Großbürgerwohnung mit cremeweißem Meißner Ofen und einer elfeckigen Bibliothek voller Bücher und Kunstwerke. Künstler und Dichter gehen ein und aus, Hugo von Hofmannsthal, Stefan George; Ricarda Huch ist eine »Freundin des Hauses«. Der Münchner Maler Lenbach porträtiert eins der Meyer-Kinder. Vom jungen Reinhold gestaltet Max Klinger 1910 eine Portrait-Büste. Im Ersten Weltkrieg fällt ein Bruder Reinholds; der andere stirbt jung. Der Erbe Reinhold, christlich getauft und jüdischer Abstammung, verliebt sich in die »bodenständige«, tatkräftige Berlinerin Lucie, eine »Arierin«. Sie heiraten, bevor Hitler zum Reichskanzler berufen wird. Lucie und Reinhold bedauern zutiefst, dass sie keine eigenen Kinder bekommen. Sie adoptieren zuerst den »semmelblonden« Klaus und dann das »fröhliche« Dorle.

Lucie hält unbeirrt zu ihrem Mann, als die Meyers Hab und Gut verlieren. Hitler will die Reichskanzlei bombastisch erweitern. Die Meyers müssen das Elternhaus aufgeben. Zu ihren Kunstschätzen Werke von Menzel, Lenbach, Paula Modersohn-Becker – wird ihnen unter Haftdrohung der Zugang verwehrt. Die Meyers verlieren allmählich alles, die Bank wird »arisiert«, Grundbesitz enteignet, Gold, Silber, Schmuck muss abgeliefert werden. Sie landen schließlich in Hohen Neuendorf im Norden Berlins in einem halbfertigen Flachbau. Reinhold möchte nach Brasilien auswandern und dort die Familie mit einer Hühnerfarm über Wasser halten. In Hohen Neuendorf wird »geübt dafür«. Die Meyers reisen nicht aus, sie kämpfen noch um Klaus: Er soll ihnen weggenommen werden, weil er arisch ist. Jeder Monat, jede Woche, jeder Tag zählt. Reinhold und Lucie bleiben im Land, bis sie es geschafft haben, Klaus in Sicherheit zu bringen. Mit Hilfe der Bekennenden Kirche um den Pastor Martin Niemöller darf er endlich im Sommer 1939 zu einer Familie in England fahren. Jetzt wollen ihm Reinhold und Lucie mit Dorle folgen und über England nach Brasilien auswandern. Aber am 1. September 1939 bricht Hitlers Krieg aus. Die drei sitzen fest. Reinhold muss zur Zwangsarbeit, das ist Schwerarbeit, für »19 Pfennig die Stunde«. Er holt sich dabei einen doppelten Bruch. Danach lässt ein Vorarbeiter seine arische Überlegenheit an Reinhold aus, indem er ihm mit einem Schweißapparat absichtlich beinahe beide Hände verbrennt.

Die Abholzeit beginnt: tägliche Todesangst. Bei Verwandten und Freunden treffen die »Abholbriefe« ein. Das Kind bekommt mit: »Wenn du abgeholt wirst, bist du tot.« Reinhold wird nicht abgeholt, weil er noch mit der Arierin Lucie verheiratet ist. Da taucht in Hohen Neuendorf »ein SS-Mann namens Wiesmann« auf, der die Meyers aus ihrem Häuschen vertreibt. Sie haben es »binnen Stunden« zu verlassen. Ihre letzte Habe wird auf dem Leiterwagen weggekarrt, in eine Hütte an der Havel. Dorthin wird der bewusstlose Reinhold gebracht, den bei der Zwangsarbeit ein Vorschlaghammer am Kopf getroffen hat. Dorle schreibt in ihr Kindertagebuch: »Da war Papas Kopf viel größer und so rosa«. Schließlich fangen die Razzien an. Immer wieder verschwindet Reinhold spurlos: Lucie klappert dann die »Sammellager« ab, um ausfindig zu machen, in welchem ihr Mann in Haft ist. Sie versucht, ihm etwas Essbares zukommen zu lassen – auch ein Glas »Griesbrei mit Himbeeren«, gekocht von Dorle: »Wenn ich an diese Zeit zurückdenke, dann habe ich irgendwie ständig Beeren gesammelt, weil der Papa wieder mal verhaftet war.«

Im Winter 1942/1943 schuften in Berliner Fabriken noch einige tausend jüdische und halbjüdische Zwangsarbeiter, die arische Frauen oder Mütter haben. Auch diese letzten »arisch versippten« Berliner sollen »erfasst« – Berlin soll »judenrein« werden. Im Februar 1943 wird Reinhold »wie tausende andere in ›Mischehe‹« Lebende »schlagartig« bei der »Fabrik-Aktion« verhaftet. Unter Kommandogebrüll und Misshandlungen der Staatsterroristen in Uniform werden ausgemergelte Zwangsarbeiter, Männer und Jugendliche, wie Vieh zusammengetrieben und in »Ladungen« mit hoher »Stückzahl« – wie es amtsdeutsch heißt – in fünf Sammellager gebracht. Viele kommen in die Rosenstraße.

»Fast 8.000 Menschen« werden »im Zuge der Fabrik-Aktion« nach Auschwitz transportiert (wie Nina Schröder nachweist), und schon glaubt Reichsminister Goebbels dem Führer und Reichskanzler Hitler zum Geburtstag am 20. April 1943 melden zu können: »Berlin ist judenfrei!« – da geschieht etwas nahezu Unvorstellbares. Die Nazis haben ihre Rechnung ohne die Frauen gemacht. Dorle wird zur Augenzeugin und erlebt den Widerstand der Frauen in der Rosenstraße mit.

Der 27. Februar 1943 ist ein »sonniger Spätwintertag«. In der Rosenstraße werden die zusammengekarrten Zwangsarbeiter in das Haus 2–4 getrieben. Die »Fabrik-Aktion« läuft,

Goebbels trägt in sein Tagebuch ein: »Wir schaffen nun die Juden endgültig aus Berlin hinaus. Sie sind am vergangenen Samstag schlagartig zusammengefasst worden und werden nun in kürzester Frist nach dem Osten abgeschoben.« Aber nach all den Jahren, in denen deutschen Untertanen Kadavergehorsam eingeprügelt worden war, mitten in der alten Militärmonarchie Preußen, der »Zivilist« als Schimpfwort galt, regt sich Widerstand gegen die uniformierten Räuber und Mörder – offener Widerstand von Frauen, die den Nazis als »Haflingerweibchen« vor allem dazu dienen sollten, dem Führer Soldaten zu gebären und sich ansonsten unauffällig arbeitsam zu verhalten.

Am Nachmittag kommen schon die ersten Frauen vor dem Haftgebäude Rosenstraße zusammen. Den Befehlen – »Ruhe!«, »Weitergehen!«, »Straße frei!« – folgen sie nicht. Die Gefangenen dürfen sich an keinem Fenster sehen lassen, doch die Frauen haben sich bald vergewissert: Hier werden tatsächlich ihre Männer und Kinder gefangen gehalten. Am Abend stehen rund zweihundert Menschen vor der Rosenstraße 2–4.

Sonntag, 28. Februar 1943. Die Hatz der Beamten der Geheimen Staatspolizei und der SS geht weiter, auch wer einen »nichtarischen« *Eltern*teil hat, wird in die Rosenstraße verschleppt. Die ersten verzweifelten Rufe der Frauen und Mütter vor dem Haftgebäude sind zu hören, ein öffentlicher lauter Protest gegen die Mörder an der Macht: »Gebt uns unsere Männer wieder!« – »Gebt uns unsere Kinder raus!« – »Ihr Mörder!« Einige hundert Menschen drängen sich vor dem Gebäude. Die Straßenbahn kommt kaum durch.

In der Nacht zum Montag, dem 1. März, nimmt »die Zahl der Wartenden vor dem Gebäude« ab. Früh schon müssen viele zur Zwangsarbeit. Wer an der Arbeitsstelle fehlt, gerät in die Mühlen der Justiz, die eilfertig Zwangsarbeiter »wegen

Sabotage« zum Tod verurteilt. Doch am späten Nachmittag sind sie wieder da: Hunderte Frauen und Mütter der Gefangenen. Noch sind sich viele über das, was die Behörden im Schild führen, nicht ganz im Klaren: Deportation? Oder Zwangssterilisation? Mehrere Frauen gehen zum Gestapo-Judenreferat, nur zweihundert Meter entfernt, Burgstraße 28. Die Beamten im Referat sind verunsichert, als ihnen nicht mit bittstellerischer Unterwürfigkeit entgegengetreten wird, wie sie es gewohnt sind und wie sie es genießen: Nein, die Frauen wollen wissen, was vor sich geht! Die Beamten flüchten sich in hinhaltendes Gerede: »Es müsse alles geprüft werden.« Die Frauen wagen, ihnen ins Gesicht zu sagen: Was muss da geprüft werden? Inzwischen werden weitere Häftlinge in die Rosenstraße transportiert.

In der Nacht zum 2. März heulen die Sirenen – ein Luftangriff. An diesem Dienstag kommen schon im Morgengrauen viele Frauen vor der Arbeit in die Rosenstraße, um zu sehen, ob das Haftgebäude noch steht und ob ihre Angehörigen noch leben, gelten sie doch den Behörden des Dritten Reichs als »luftschutzkellerunwürdig«.

Mittwoch, 3. März 1943. Unter den Frauen in der Rosenstraße geht es von Mund zu Mund: Deportationszüge sind abgefahren, Menschen in Viehwaggons. In der Rosenstraße zeigen sich jetzt auch Männer, die mitprotestieren, sogar Soldaten in Uniform auf Fronturlaub. Bange Frage: »Wie lange werden sich die Nazis das noch bieten lassen?« Die Antwort lässt nicht auf sich warten.

Donnerstag, 4. März 1943. Hinter Sandsäcken hat die SS Maschinengewehre aufgebaut. Befehle werden gebellt: »Straße frei oder es wird geschossen!« Die Menge teilt sich, in Todesangst drängen einige in Nebenstraßen – andere weichen auch nicht vor den Maschinengewehren zurück. Dem Kommandogebrüll antworten jetzt Rufe der Frauen, in Todesnot, unter

Tränen, mit dem Mut der Verzweiflung: »Auf Frauen schießen ... ihr Feiglinge ... ihr Mörder!« – Sprechchöre ertönten: »Gebt unsere Männer frei!« – und die Frauen gehen weiter auf die Maschinengewehre zu.

Das ist der Augenblick der Wahrheit: Erhält die SS den Befehl, mit ihren Maschinengewehren die Menge niederzumähen? Aus den Seitenstraße kommen jene zurück, die zuerst vor den Maschinengewehren zurückgewichen waren. Sie lassen sich von den schussbereiten Maschinengewehren nicht länger einschüchtern. Das ist für die Machthaber zuviel. Es ist die Zeit kurz nach Stalingrad, die Zeit, in der die Nazis immer verhasster werden: Jetzt auch noch Zivilcourage und Widerstand gegen die Staatsgewalt? Schon rufen die Frauen öffentlich: »Ihr Mörder! Ihr Feiglinge!« Werden sie bald auch rufen: »Ihr Kriegstreiber – ihr Raubmörder – ihr Kinderschlächter«?

Wie soll das für die Nazis enden, nachdem sich ihr Kriegsglück bereits gewendet hat? Haben hier mitten in Berlin nicht schon einmal, im März 1848, Schüsse auf protestierende Berliner Bürgerinnen und Bürger einen Volksaufstand ausgelöst, als der »Kartätschenprinz«, der spätere deutsche Kaiser Wilhelm I., in das »feindliche Volk« schießen ließ? Die Machthaber bekommen kalte Füße und weichen zurück. Es wird nicht geschossen. Die Maschinengewehre verschwinden aus dem Blickfeld der Menge.

Unter den protestierenden Frauen verbreitet sich über den »Mundfunk« die Nachricht, dass nun bereits Häftlinge über einen Hinterausgang zur Heidereutergasse hin abtransportiert werden. Am 5. März 1943, Freitag, werden weitere Männer und Jugendliche zur Haft in der Rosenstraße »angeliefert«.

Am 6. März trägt Goebbels – in schlechtem Deutsch schönlügend – in sein Tagebuch ein: »Es haben sich da leider etwas unliebsame Szenen vor einem jüdischen Altersheim abgespielt, wo die Bevölkerung sich in größerer Menge ansammelte und zum Teil sogar für die Juden etwas Partei ergriff. Ich gebe dem SD Auftrag, die Judenevakuierung nicht ausgerechnet in so einer kritischen Zeit fortzusetzen.«

An diesem 6. März verlassen die ersten Gefangenen das Haftgebäude mit einem Entlassungsschein in der Hand. Jubel. Umarmungen. Doch auch Ungewissheit: »Einzelfälle? Oder werden alle freigelassen?« Die Gebäudetür öffnet sich, schließt sich, öffnet sich wieder; »einzeln oder in kleinen Gruppen« kommen die Häftlinge heraus. Die Machthaber fürchten anscheinend jetzt so sehr die Zivilcourage der Frauen, dass sie sogar Deportierte wieder zurückholen. Alle Häftlinge, die aus der Rosenstraße nach Auschwitz deportiert wurden, sind nach zwei Wochen »härtester Zwangsarbeit« bis auf einen in der zweiten Märzhälfte 1943 wieder in Berlin.

Es gibt auch Augenzeugenberichte aus der Sicht der Häftlinge im Sammellager Rosenstraße 2–4. Im Foyer eines Hotels in der Rosenstraße hängt ein Gedächtnisprotokoll aus: »Ich war damals noch nicht siebzehn Jahre alt, musste aber schon beinahe drei Jahre lang zwangsarbeiten. In einem Rüstungsbetrieb. Da wurden wir jüdischen Zwangsarbeiter und Zwangsarbeiterinnen am 27. Februar 1943 morgens ohne Ausnahme gefangen genommen. Mit vielen anderen kam ich letztlich in das Sammellager in der Rosenstraße. Und dort fand ich meinen Vater. Wir waren in den Räumen zusammengepfercht, wir zitterten vor Kälte und Angst. Dann bekamen wir mit, dass auf der Straße ein Aufruhr war, dass da unsere nächsten Angehörigen standen. Meine Mutter. Meine Tante. ›Gebt uns unsere Männer wieder! Unsere Kinder!‹ riefen die Frauen. Sie schrien es völlig verzweifelt. Nach einer Woche begannen die Entlassungen.«

Die Entlassung aus dem Sammellager Rosenstraße ist keine Entlassung in die Freiheit, sondern in weitere Zwangsarbeit.

Auch die Zwangsarbeit ist lebensgefährlich. Zwischen Vorarbeitern, Bewachern, Spitzeln gibt es ein abgekartetes Spiel: Einem Zwangsarbeiter wird befohlen, etwas zu holen, irgendetwas, und gleichzeitig erfolgt ein Wink an das Wachpersonal! Der Zwangsarbeiter hat keine Chance: Führt er den Befehl nicht aus, dann wird er wegen Befehlsverweigerung als Saboteur hingerichtet. Folgt er dem Befehl, dann wird er wegen unerlaubten Entfernens von seinem Arbeitsplatz und Sabotage »auf der Flucht« erschossen! Wenn er »ausgeschaltet« ist, gibt es dafür eine amtliche Belobigung wegen Aufmerksamkeit im Dienst zum Schutz vor heimtückischer »Sabotage« – und hauptsächlich: Es gibt eine Belohnung! Geld und/oder zusätzliches Essen.

An welch dünnem Faden das Leben eines »Nichtariers« hing, selbst wenn er in »Mischehe« mit einer »Arierin« lebte oder einer solchen Verbindung entstammte, verrät ein Gestapo-Erlass vom 24. Februar 1943: »Freches Benehmen« (aus Sicht eines Beamten) genügt, dass »Anträge auf Unterbringung in einem Konzentrationslager gestellt werden. Es kann dabei sehr großzügig verfahren werden«: Schon »ein Blumenstrauß bei jemandem zu Hause«, ein Kanarienvogel (Haustierverbot), Fahrstuhlbenutzung oder auch nur – was auch belegt ist – eine »geräucherte Flunder« in der Küche begründen »Unterbringung in einem Konzentrationslager« – sprich Deportation.

Reinhold muss beim Streckenbau der Reichsbahn malochen. Lucie und Dorle warten abends öfter vergeblich auf ihn. Er ist wieder verhaftet. Lucie »rast« durch ganz Berlin, um ihn ausfindig zu machen. »Wenn der Papa dann zu Hause war, waren wir erstmal alle ganz still«, erzählt Dorle. Dann heißt es weitermalochen, auch für Lucie als Zwangsarbeiterin. »Alle zwei Wochen« muss sie sich bei der Gestapo melden und wird von den Polizeibeamten unter Druck gesetzt, sich von dem

»Judenschwein« Reinhold scheiden zu lassen – und »alle zwei Wochen« antwortet Lucie den Polizeibeamten: »Ich bin doch nicht verrückt!« Immer wieder Razzien, immer neue Schikanen durch Beamte der Gestapo und zuarbeitende Behörden, bis der Staatsapparat das ganze Land ins Chaos gestürzt hat und auch das Dritte Reich zusammenbricht.

Die Erinnerung an »das Wunder in der Rosenstraße« bleibt eine Generation lang fast verschüttet: Selbst die in Berlin geborene – und nach einer Steinmetzlehre in Bayern wieder in Berlin schaffende – Bildhauerin Ingeborg Hunzinger hört erst vierzig Jahre später von einem Verwandten zufällig von den Frauen der Rosenstraße. Ist es die Sage von einem neuen »Weinsberg«? Nach der Eroberung von Weinsberg in Schwaben gestattete der König den Frauen, mit dem abzuziehen, was sie bei sich tragen konnten. Die Frauen überlisteten den König und trugen statt des Hausrats, wie es gemeint war, huckepack ihre Männer aus der Stadt. Doch hier in Berlin mussten die Frauen selbst ihr Leben riskieren, um ihre Männer zu retten.

Die Bildhauerin ist von dem geglückten Aufstand dieser Frauen in der Hitler-Zeit »elektrisiert« und beginnt sofort an einem Denkmal zu arbeiten. Ingeborg Hunzinger möchte daran erinnern, dass Frauen mitten in Berlin für ihre Männer und Kinder alles gewagt und durch ihren Mut alles gewonnen haben. Als erstes gestaltet sie ein liebendes Paar: Ein Mann und eine Frau, die sich in der Not der Verfolgung aneinander schmiegen. Aber dieses Paar steht nur von Zeit zu Zeit in der Rosenstraße. Es wird der Künstlerin aus politischen Gründen in ihr Atelier zurückgebracht, in dem sie trotz der Rückschläge weiterarbeitet. Erst 1995 kann das ganze Denkmal in der Rosenstraße auf einem kleinen, mit Laub- und Nadelbäumen bestandenen Platz aufgestellt werden. Der Hauptteil des

Denkmals ist aus purpurfarbenem Porphyr gehauen: Vulkangestein – »gefrorene Asche«, sagt die Bildhauerin. Die Szenen, die Ingeborg Hunzinger gestaltet, geben das wirklich Geschehene wieder – und erhöhen es zu einem Symbol für die Kraft des Muts und der Liebe. Zwei mächtige Porphyr-Blöcke stehen nahe beieinander: Der eine zeigt Gefangene hinter Gittern – doch die Mauern fallen, die Gitter brechen. Durch die berstenden Mauern tritt ein Mann ins Freie: Mit ausgebreiteten Armen geht er seiner Frau entgegen, die aus dem zweiten Porphyr-Block zu ihm strebt.

Neben diesen Blöcken steht, beiden auf einer gedachten Kreislinie zugehörig, ein dritter Block. Es ist der Block der ausharrenden, aufständischen, ihr Leben wagenden Frauen mit ihren Kindern, die fast mit den Müttern verschmelzen. In einer Nische des Blocks der aufständischen Frauen hat auch jenes Liebespaar, das am Anfang des Denkmals stand, seinen dauernden Platz gefunden. In der Mitte der Denkmals, umschlossen von den purpurroten Blöcken, stürzen sich zwei Frauen voller Angst um ihre Lieben in die Arme und suchen verzweifelt aneinander Halt und Trost.

Ein paar Schritte daneben sitzt auf einer Bank aus gelblichem Stein ein Mann, aus dem gleichen Gestein gehauen, allein. Sein Antlitz ist in unendlichem Schmerz im wahren Sinn des Worts versteinert. Der Gesetzgeber hatte jüdischen Menschen auch verboten, sich auf eine Parkbank zu setzen. Dieser Mann darf jetzt hier sitzen. Der Platz neben ihm ist leer: Eine Einladung, sich zu ihm zu setzen. Doch niemand scheint diese Einladung anzunehmen. Der Blick des versteinerten Mannes geht hinüber zu dem bilderreichen Denkmal, dorthin, wo Ingeborg Hunzinger eingemeißelt hat: »Die Kraft des zivilen Ungehorsams und die Kraft der Liebe bezwingen die Gewalt der Diktatur / Frauen standen hier Tod besiegend«.

Dank

Wie ist es zu diesem Buch gekommen? Es ist ein Buch des Danks, denn »Mut der Frauen« danke ich mein Leben:
An einem sonnigen Vorfrühlingsmorgen 1945 weht vom Kirchturm eines Spessart-Dorfs die weiße Fahne. Ein Hoffnungszeichen – hoffentlich ist das sinnlose Sterben bald vorüber. Schon haben die Alliierten Rhein und Main überquert. Hitler will bei seiner Götterdämmerung nur verbrannte Erde hinterlassen. Das deutsche Volk soll bis zum »Endsieg« kämpfen, »siegen« oder sterben. »Siegen« womit? Es gibt kaum noch Waffen und Treibstoff. Doch nichts funktioniert so erbarmungslos bis zum Ende wie die Todesmaschinerie fliegender Standgerichte der SS. Es gibt einen »Führerbefehl«, dass jeder Deutsche »über 15«, der eine weiße Fahne hisst oder sie nicht umgehend entfernt, an Ort und Stelle zu erschießen ist. Ich stehe vor dem Dorfkirchturm mit der weißen Fahne. Unvermittelt herrscht mich eine Stimme von hinten an: Ich soll sofort die weiße Fahne herunterholen. Ich höre mich sagen: »Das mach ich nicht!« Das genügt. Dass ich noch keine 15 bin, zählt nicht. Ich soll an Ort und Stelle erschossen werden.

Es heißt, im Augenblick des Todes schärfen sich die Sinne und erfassen noch einmal das vergehende Leben mit allen Kräften. Mir hat sich jeder Augenblick am Rand des Todes unauslöschlich eingeprägt: Schwarzgekleidete Frauen – schwarzgekleidet in Trauer um einen gefallenen Mann, einen Sohn, einen Bruder – drängen sich schreiend mit hochgereckten Armen zwischen die SS-Schergen und mich. In diesem Augenblick entkomme ich dem SS-Kommando und laufe um mein Leben. Tage und Nächte im kalten Spessart: Endlich das Dröhnen amerikanischer Panzer – ich habe überlebt. Bis heute habe ich darüber kaum sprechen können, aber versucht, meinen Dank dadurch zu zeigen, dass ich Lebensbilder mutiger Frauen geschrieben habe. Dem Bayerischen Rundfunk danke ich sehr, dass solche Porträts mutiger Frauen als Hörbilder über Jahre hinweg gesendet wurden. Mein besonderer Dank gilt Frau Dr. Ingrid Leitner. Das vorliegende Buch führt eine Reihe von Hörbildern weiter: Die Frauenporträts wurden gründlich durchgesehen und überprüft, ergänzt oder gekürzt und neu gestaltet. Die Verantwortung für Auswahl, Inhalt und Form dieser Lebensbilder liegt bei mir.

Der Platz zwischen zwei Buchdeckeln ist begrenzt; eine Crux: Wen vorstellen, was auslassen, wie eine Sammlung gestalten, bei der zu hoffen wäre, dass das Ganze mehr ist als die Summe seiner Teile? Oft habe ich geschwankt: Nofretete oder *Semiramis* (auf die sich selbst Cäsar als Vorbild berief)? Théroigne de Méricourt, die »Venus der Revolution«, »Amazone der Freiheit« und »Pythia des Jahrhunderts« oder die todesmutige *Lucile Desmoulins*? *Elisa von der Recke* im Glanz des Rokoko, die Entlarverin Cagliostros und ein Genie der Freundschaft – oder die stille Krankenschwester Edith Cavell, für die ich mich entschied, weil sie *nolens volens* die Geschichte des vergangenen Jahrhunderts mitbestimmt hat, und weil ihr Lebensbild zeigt, wie aus dem so genannten Kleinen das so genannte Große erwächst.

Ich hatte das Glück, eine der vorgestellten Frauen selbst kennenzulernen, als sie dreieinhalb Jahrzehnte nach Kriegsende das Bundesverdienstkreuz erhielt. Frieda Kahle hat in ihrer Zweizimmerwohnung vier Menschen sechs Jahre lang vor den Nazis versteckt, eine bisher ungeschriebene Heldentat. Doch

Mut hat viele Facetten, vielleicht hat »Mut der Frauen« einige aufscheinen lassen. Mein Dank, wenn er auch gering ist, kommt aus dem Herzen.

Possenhofen, im Frühjahr 2006   *H. F.*

Quellen und Literatur

Nofretete. Wenn es auch schwierig ist, Sage und Wirklichkeit nach dreieinhalb Jahrtausenden zu trennen: Der Versuch, Nofretete eine
gestaltende Rolle in der Kunst- und Religionsgeschichte der Amar-
nazeit zuzuschreiben, wird durch neuere Forschungsergebnisse
gestützt. Vielleicht macht der Fragmentfund einer wundervoll ge-
formten Hand Nofretetes und Echnatons aus Achetaton die »führende« Rolle der Königin augenfällig greifbar: Echnatons Hand liegt
in der Hand Nofretetes. Der Ägyptologe Dietrich Wildung fasst
knapp die inzwischen weithin gängige Lehrmeinung zusammen:
»Echnaton ohne Nofretete: Gar nicht vorstellbar!« Zu Nofretetes
Herkunft: Der Ausgräber Amarnas, Sir Flinders Petrie, hält für »sehr
wahrscheinlich«, dass Nofretete jene heiratsfähige Tochter des Königs Tuschratta von Mitanni, am oberen Euphrat und Tigris, ist, die
in Tontafeln aus dem Staatsarchiv in Achetaton erwähnt wird. Die
Argumente des gründlichen Forschers konnten durch weniger stich-
haltige Gegenargumente nicht entkräftet werden. – Den Lyriküber-
tragungen liegt zugrunde: Papyrus Haris 500 von Luxor, um 1300
v. Ch., s. Verf., ›Aufbruch in die Stadt der Sonne‹, in: BR gehört gelesen, 8/1989, S. 15–26. Zum Sonnengesang von Amarna s. Heinrich
Schäfer, ›Amarna in Religion und Kunst‹. 7te Sendschrift der Deutschen Orient-Gesellschaft 1931. Zur Monotheismus-Debatte s. Sigmund Freuds 1939 publizierte Monographie: ›Der Mann Moses und
die monotheistische Religion‹.

Gronia ist ein eigenes Museum in Irland gewidmet: The Granuaile In-
terpretative Center, Louisburgh, Co. Mayo. Eine gut dokumentierte
und illustrierte Biografie liegt auf englisch vor: Anne Chambers,
›Granuaile. The Life and Times of Grace O' Malley‹. Dublin 1994.

Nanny. Eine Nachfahrin der ersten Maroons hat die grundlegende Darstellung der Maroon-Geschichte erarbeitet; die Autorin ist Stellver-
tretender Colonel der Maroons: Bev Carey, ›The Maroon-Story. The
Authentic and Original History of the Maroons in the History of Ja-

maica 1490–1880‹. St. Andrew, Jamaica 1997. Anschaulich schildert die Kampfweise der Maroons gegen die englischen Truppen: Uschi Wetzels, ›Jamaika. Abenteuer & Reisen‹. München 1997.

Théroigne de Méricourt. Otto Ernst hat die geheimen Kufstein-Protokolle im Wiener Haus-, Hof- und Staatsarchiv entdeckt und in einer Monografie ausgewertet: ›Théroigne de Méricourt‹, Paris 1935. Eine umfassende Darstellung, mit Illustrationen, bietet Elisabeth Roudinesco: ›Madness and Revolution. The Lives and Legends of Théroigne de Méricourt‹. London 1992.

Helmina von Chézy hat kurz vor ihrem Tod ihre Autobiografie abgeschlossen: ›Unvergessenes. Denkwürdigkeiten aus dem Leben von Helmina von Chézy. Von ihr selbst erzählt‹. 2 Bde., Leipzig 1858. Auf ihre Aschaffenburger, Amorbacher und Erbacher Zeit geht ein: Ludwig Fertig, ›Landleben und Literaturtradition. Der Odenwald und seine Dichter‹. Darmstadt 1997.

Caroline Schulz. Weiterführende Literatur fehlt. Der Band: Das Kalenderblatt im Winter, hrsg. von Renate von Walter und Petra Herrmann, Rosenheim 2004, enthält ein Kalenderblatt des Verf. zum 30. Dezember 1834: »Caroline befreit Wilhelm Schulz«.

Die Maharani von Dschansi. In (1) wissenschaftlichen und (2) belletristischen Veröffentlichungen befasst sich mit der »indischen Jeanne d'Arc«: (1) Joyce Lebra-Chapman: ›The Rani of Jhansi. A Study in Female Heroism in India‹. Honolulu 1986; (2) Joyce C. Lebra: ›Durga's Sword‹. New Delhi 1995.

Marie von Neapel. Nach Arrigo Petaccos Biografie (deutsch 1994) bringt einige ergänzende Forschungsergebnisse: Wolfgang Müller, »»Ein ewig Rätsel bleiben will ich ...« Wittelsbacher Schicksale: Ludwig II., Otto I. und Sisi‹. München 1999.

Edith Cavell. Auf Quellenstudien und Befragung von Augenzeugen beruht die detailreiche Biografie von Roland Ryder: ›Edith Cavell‹. London 1975.

Gertrude Bell. Auf deutsch gibt es im Buchhandel die Autobiografie von Gertrude Bell: ›Ich war eine Tochter Arabiens‹. Bern 1993, und die umfangreiche Biografie von Janet Wallach: ›Königin der Wüste. Das außergewöhnliche Leben der Gertrude Bell‹. München 2003.

Frieda Kahle. Unter verstreuten Veröffentlichungen in Zeitschriften und Zeitungen ist der illustrierte Bericht von Marilis Lunkenbeil hervorzuheben: »Ich musste sie doch retten – das war meine Pflicht«, in: Weltbild Nr. 17, 13.8.1979, S. 18–21. Vom Verf. erschien »Bundes-

verdienstkreuz«, in: Almanach 2000. Kurzgeschichten aus drei Jahr-
zehnten. Stuttgart 1999, S. 419–428.

Lucie Aubrac. Lucie Aubracs autobiografische Aufzeichnungen ›Ils par-
tiront dans l'ivresse‹, Paris 1984, erschienen auf deutsch mit einem
Nachwort von M. C. Weitz unter dem Titel: ›Heldin aus Liebe. Eine
Frau kämpft gegen die Gestapo‹. München 1996. Zur Ausreise des
»Schlächters von Lyon«, Klaus Barbie, s. die Dokumentation von
Rena Giefer/Thomas Giefer: ›Die Rattenlinie‹. Frankfurt am Main
1992.

Rosenstraße. Gernot Jochheim und Johannes Rösler geben eine chrono-
logische Übersicht relevanter Vorgänge in der Rosenstraße vom
27. Februar bis 6. März 1943 in: ›Die Rosenstrasse. Gestern – Heute‹.
Berlin 1997. Die illustrierte Schrift enthält auch eine Porträtskizze
der Bildhauerin Ingeborg Hunzinger und stellt ihr Denkmal in der
Rosenstraße vor. Die Süddeutsche Zeitung Nr. 135, 14.6.2000, enthält den aufschlussreichen, auf Augenzeugenaussagen gestützten
Bericht von Christiane Kohl: »Eine Schuld, die nicht verjährt. Wie
die Meyers in der Nazizeit Häuser, Gemälde, Geld und Gesundheit
verloren und bis heute nicht angemessen dafür entschädigt wurden« (»Die Seite Drei«). Von einem Atelierbesuch bei Ingeborg Hunzinger erzählt Marlies Menge in: ›Spaziergänge‹. Berlin 2000, S. 155–
162. Einige Forscher haben – auch im Widerspruch zu Margarethe
von Trottas Filmdrama »Rosenstraße« – Begründung und Wirkung
des Widerstands der Frauen in der Rosenstraße in Frage gestellt und
untersucht, ob die »arisch versippten« Häftlinge in der Rosenstraße
lediglich »erfasst« werden sollten, ob die Deportation der aus der
Rosenstraße nach Auschwitz Deportierten u. U. »versehentlich« erfolgt sei, und ob die Entlassung der Häftlinge in der Rosenstraße
nach dem Frauenprotest ursächlich mit dem Widerstand der Frauen
in Verbindung gebracht werden könne. S. zu der z. T. polemisch ge-
führten Kontroverse: Nina Schröder, ›Die Frauen der Rosenstraße.
Hitlers unbeugsame Gegnerinnen‹. München 2003. Das Werk enthält ausführliche Zeugenberichte. Das Nachwort zur zweiten Auflage (Juli 2003) geht auf die erwähnte Kontroverse ein. Festzuhalten
bleibt: Die protestierenden Frauen mussten davon ausgehen, dass es
bei ihren Männern oder Kindern um Leben und Tod ging, und ihr
Widerstand war und ist bewundernswert.

Bildnachweis

Nofretete: ›BR gehört gelesen‹, 8/1989, 36. Jahrgang

Gronia: Im Granuaile Visitor Centre, Louisburgh, County Mayo, im Westen Irlands ist der historisch fundierte Versuch einer Nachbildung Gronias zu sehen. Foto: Heinz Fischer

Nanny: In Moore Town, Hauptstadt der Maroons im Norden Jamaikas, wurde ein Denkmal zu Ehren der Nationalheldin errichtet. Die Inschrift besagt, dass an dieser Stelle Nanny – »Nanny, National Hero of Jamaica« – begraben liegt. Foto: Heinz Fischer

Théroigne de Méricourt: akg-images

Helmina von Chézy: Archiv Robert Fischer

Caroline Schulz: Wilhelm Schulz ›Briefwechsel eines Staatsgefangenen mit seiner Befreierin‹, Erster Band, Friedrich Bassermann, Mannheim 1846.

Maharani von Dschansi: akg-images

Marie von Neapel: akg-images

Edith Cavell: ullstein – Granger Collection

Gertrude Bell: ullstein – Roger Viollet

Frieda Kahle: Weltbild, Nr. 17, 13. August 1979

Lucie Aubrac: Lucie Aubrac privat

Denkmal Rosenstraße: Frauen forderten Anfang März 1943 die Freilassung ihrer zum Tod verdammten Männer. Ausschnitt aus dem Denkmal von Ingeborg Hunzinger an der Stelle in der Rosenstraße, an der die Frauen standen, »Tod besiegend«. Foto: Heinz Fischer